红色记忆® 52

影视剧原型人物的传奇故事

海南省文化交流促进会　编

南海出版公司

2016 · 海口

图书在版编目（CIP）数据

红色记忆.52，影视剧原型人物的传奇故事 / 海南省文化交流促进会编．-- 海口：南海出版公司，2016.6（2025.1 重印）
ISBN 978-7-5442-8442-4

Ⅰ．①红… Ⅱ．①海… Ⅲ．①革命传统教育－中国－青少年读物 Ⅳ．① D642-49

中国版本图书馆 CIP 数据核字（2016）第 162058 号

HONGSE JIYI · 52——YINGSHIJU YUANXING RENWU DE CHUANQI GUSHI
红色记忆 · 52——影视剧原型人物的传奇故事

作　　者　海南省文化交流促进会
总 策 划　刘　栋
顾　　问　贾延岩
执行总编　任在齐
责任编辑　聂　敏
封面设计　郑广明
排版印务　白　多
发行总监　杨成春
出版发行　南海出版公司　电话：（0898）66568505
社　　址　海南省海口市海秀中路 51 号星华大厦五楼　邮编：570206
电子信箱　nhpublishing@163.com
经　　销　新华书店
印　　刷　天津睿意佳彩印刷有限公司
开　　本　787 毫米 ×1092 毫米　1/16
印　　张　6
字　　数　101 千字
版　　次　2016 年 6 月第 1 版　2025 年 1 月第 2 次印刷
书　　号　ISBN 978-7-5442-8442-4
定　　价　39.80 元

序

对历史无知的人，没有真正的信仰可言；没有信仰的人，不可能拥有美好的理想，不可能胸怀崇高的情感，也就不可能担负起任何责任。用欲望文化代替历史教育，足以使一个国家的青年被腐蚀、使一个民族的希望被毁掉，使这个国家和民族被永世万代地奴役！

鉴于此，我们呼唤历史，唤回那段属于二十世纪的“红色”历史，唤回那段炮火硝烟、颠沛流离的历史，唤回那冲天的狼烟留下的悲壮回忆、岁月年轮沉淀的斑驳痕迹。历史不应该被忽略，更不应该被遗忘，牢记那段革命战争年代的红色历史更是责任。为了那些不应该被忘却的记忆，为了那些不应该被丢弃的信念，于是就有了这套《红色记忆》丛书。

曾记否，当草鞋与意志丈量出来的两万五千里穿越一个伟大民族五千年的荣辱兴衰，革命的火种被一路播撒、一路点燃。人迹罕至的雪山、荒无人烟的草地被鲜血浸透，衬映出一段光辉的里程；万水千山早已被远远地抛在身后，一轮红日在黄土高原磅礴而起。满目疮痍的河山在1936年10月温暖如春……

曾记否，当生命和鲜血浸染的十几年光阴将一种记忆铭刻进一个伟大民族的历史画卷，革命的火焰从星火到燎原。这栏杆拍遍、易水悲歌般的呼号，这折戟沉沙、慷慨赴义的悲壮，这铁马冰河、枕戈待旦的苦战，这红旗漫卷、所向披靡的豪迈……腔腔热血、铮铮铁骨早已被熔铸成一座不朽的丰碑，中华民族从苦难中百死后生的壮丽诗史凝结成了五星闪耀的红色记忆。

曾记否，中华人民共和国成立以来，又有无数英烈接过前辈用鲜血染红的旗帜，或壮怀激烈戍边卫国，或忠于职守鞠躬尽瘁，或绝甘分少奉献大爱，甘做国家强盛、人民富裕的铺路石，成为和平年代民族复兴的荣光，把人民心中的红色记忆浸染得分外鲜艳，永不褪色。

这红色记忆，是信念不衰、志向不改的崇高气节；这红色记忆，是无私无我、生属苍生的博大胸怀；这红色记忆，是敢为人先、披荆斩棘的拓荒精神；这红色记忆，是中华民族最宝贵的精神财富。它告诫我们，人事有代谢，传承无绝期。缅怀先烈精神，继承先烈遗志，是社会的道德和民族的良心，是后来者须臾不可忘怀的本分。

老一代人把历史的真实交付给我们，我们有责任用真实还原历史，传承给下一代，把那段岁月与现在年轻人的生活连接到一起，使他们眼中的历史变得立体、真实、可靠，让历史成为他们前进的动力。本丛书将那些流动的、随时会飘散在时间天际的事件凝固下来，希望透过这些文字、图片，感受到英雄们那坚定的革命信念，感受到那个年代澎湃的革命激情，真切体会那段“红色历史”。

忘记历史，就意味着背叛。让我们重温历史，缅怀先烈，从中汲取力量，毅然前行。

刘栋

目录

CONTENT

CONTENT

揭开《风声》原型尘封秘事

文／史全伟

她们都和顾晓梦一样，美丽机智、勇敢无畏

影片《风声》的热映，引发了人们对谍战女英雄的怀念——这些传奇女英雄大多容貌美丽、出身名门，而又胆略过人，对革命满腔热忱。《风声》主角之一、著名影星英达在接受媒体采访时说："《风声》算是我向我的姑奶奶致敬的片子吧。"英达坦言，在片场，看着周迅演的顾晓梦，总是不由自主地想起他的姑奶奶英茵，心情很复杂。

其实，在顾晓梦的身上，重叠了多位谍战女英雄的影子。

特工、演员，双面人生——英茵

在抗日谍战前线出生入死；性格活泼，经常出入各种社交场所；但在关键时刻，为了信仰不惜牺牲生命……英茵的经历，确实与顾晓梦极为相似。

英茵原名英洁卿，1916年生于北平。她身世显赫，父亲英敛之是满洲正红旗人，曾创办《大公报》及辅仁大学。母亲爱新觉罗·淑仲是皇族，哥哥英骥良十二岁便到英国剑桥留学，回国后任辅仁大学教授，是与钱锺书比肩的语言天才。文化部前副部长英若诚是她的侄子，英达则称她姑奶奶。

俊美、活泼的英茵自幼喜欢歌舞、演戏，从北平女子高等师范学校毕业不久，她就孤身奔赴上海。1936年加入明星影片公司，相继在《生死同心》《十字街头》等影片中饰演重要角色。

七七事变后，英茵随一支抗日演剧宣传队自上海出发，沿途宣传，几个月后到达重庆。不久，她受导演费穆邀请，回到抗战最前线——上海，在那里结识了国民党驻沪专员、军统的抗日秘密工作者平祖仁，与之相交甚密。

1937年底，国民党政府迁都重庆，英茵也随平祖仁赶到重庆，继续活跃在银幕、舞台之上。此时，英茵与平祖仁的关系更为亲密，频频携手出游，有时竟会连续数月闭门谢客。在外人眼中，他们完全是一对热恋中的情侣。1939 年冬，英茵突然从重庆消失，不久后，她在上海重新露面，平祖仁随后也出现在上海。一时间，有关英茵“为情私奔”的各种流言充斥重庆的大小报刊，就连香港媒体也对此大肆渲染。但英茵却仿佛局外人一般，对一切说法既不否认也不承认，每天还是照常演出、排练，只是每一次都来去匆匆。神秘的行踪，让同事们捉摸不透。

1941 年 4 月，平祖仁被日本宪兵队逮捕。英茵虽然还继续演戏、拍电影，但不断被日本人带走审问。次年 1 月 8 日，平祖仁被枪杀。英茵强忍悲痛，领回平祖仁的尸体，将他安葬在万国公墓，并在他的墓地旁为自己预留了个“位置”。也许那时，她就已预感到了死亡即将到来——和电影《风声》中踏进裘庄的顾晓梦一样。

1942 年 1 月 19 日，平祖仁去世后仅仅十余天，年仅二十五岁的英茵将自己反锁在上海国际饭店十楼 708 房内自杀身亡。自杀前，她给合众电影公司的陆洁留下一封隐晦的遗书：“陆先生，我因为……不能不来个总休息。我存在您处的两万元，作为我的丧葬费，我想可能够了。”

英茵死后，人们按照她的遗愿，将她埋葬在平祖仁墓旁。

英茵自杀所引发的轰动，不亚于阮玲玉之死。而她遗书中那个省略号，也成了不解之谜。直到 1946 年，抗战胜利第二年，答案才慢慢揭晓。

1939 年，平祖仁由于工作出色，被提升为负责上海对日情报站的站长，英茵也成了他手下得力的情报工作人员。她离开重庆奔赴上海，就是为配合他搜集日军情报。表面上的演艺工作，以及故意做出的“私奔”假象，都是为掩护身份所放的“烟幕弹”。有资料表明，至少有七件重大谍报案和英茵有关。她乔装成舞女，先后诱骗了九名日本军人及汉奸到预定秘密地点，再交由谍报人员予以处决。因为其谍报人员的身份已被日伪怀疑，再加上不断受到盘查传讯，英茵选择了以死来保守秘密。那个省略号，就是怕日本人找麻烦故意隐去的。

英茵去世时，著名作家郑振铎就在上海，抗战胜利后，他在《蛰居日记》一书中专门为英茵与平祖仁写了篇文章，并感叹：“这是一出真实的悲剧，可以写成伟大的戏曲或叙事诗的，我却只是潦草地画出一个糊涂的轮廓。”

巧传情报，英勇就义——张露萍

纤弱身躯，却受尽酷刑；奋不顾身，只为挽救危局于万一……《风声》中顾晓梦面对死亡的决绝，让人们不难想到现实中另一位谍报女杰——张露萍。

张露萍原名余家英，1921 年生于四川。在成都读书时她曾改名余硕卿，1937 年被保送到延安军政大学受训，改名黎琳，第二年加入中国共产党。1939 年秋，经组织批准，她与中央马列学院政治经济研究室的李清结婚。同年 10 月，她告别新婚

丈夫，到重庆中共中央南方局（简称中共南方局）军事组，接受叶剑英领导。

在黎琳到达重庆前不久，重庆卫戍总司令部稽查处监察科军官张蔚林、重庆军统电讯总台报务主任冯传庆刚结伴投奔中共南方局。冯传庆管辖着军统在海内外的数百部电台和上千名报务人员，张蔚林则负责监听重庆地区无线电信号，控制无线电器材，可以保护重庆地区的共产党秘密电台。二人被发展为秘密党员后，组成了中共潜伏在军统中的情报小组。如此重要的阵地，急需有效的组织和维护。于是，黎琳被秘密派到国民党军统机关电台。她的任务有三项：领导张蔚林、冯传庆；直接与南方局联系传递情报；择机在军统内部发展党员。为便于工作，不致引起敌人注意，叶剑英等决定，让十八岁的黎琳化名张露萍，以张蔚林“妹妹”的身份出现，然后找两间房子，布置成一个家，让张蔚林也搬出特务机关的宿舍。

随后，这个十八岁的年轻女孩“导演”了一系列惊心动魄的谍报大戏。一次，戴笠给胡宗南发去密电，说军统准备派遣“三人小组”，携带美制小型电台通过胡宗南防区，潜入陕甘宁边区搜寻情报。密令被张露萍等传送给南方局，南方局上报中共中央。结果，“三人小组”刚跨入边区地界，就被逮了个正着。消息传到戴笠耳朵里，他发疯似的捶着办公桌，气得破口大骂。

还有一次，设在天官府街十四号的中共地下联络站被军统特务发现。特务们本想放长线钓大鱼，借该站召开联席会的机会抓捕更多共产党人，却最终因张露萍及时送出了一张写有“有险情，速转移”的字条，扑了个空。

几次下来，戴笠不禁起疑：“为什么秘密行动计划走漏得那么快？中共的准备又那么充分？难道军统内部有内鬼？”

1940 年 3 月，张露萍回成都探亲期间，张蔚林不慎烧坏了一部收发报机的真空管，戴笠便以此为突破口，下令将他抓了起来。随后，他们在张蔚林的住处搜出一张军统在各地的电台名单及张露萍写的暗语。敌人的大搜捕由此开始。

叶剑英等得到消息后，立刻向成都发电报，通知张露萍就地隐蔽。可就在此前两小时，她已收到戴笠借张蔚林名义发来的“兄病重望妹速返渝”的电报。她刚返回重庆便被特务逮捕。潜伏在军统电台的七位共产党员全部被捕。

被困军统重庆稽查处看守所的张露萍，一心惦记着通知秘密机关迅速转移，反复观察后，她将看守所长毛列选作突破口。毛列只知道张家兄妹因烧坏电子管而被捕，并不了解案情的严重性，再加上他自恃是军统二处处长的妻弟，又是戴笠的小同乡，遇事可以担待。张露萍于是指示张蔚林给毛列五十块钱，请他送一张纸条到四德里 × 号。纸条上写着：“表姐，姑母住院病危！望速去照顾。妹萍。”毛列看了看条子，以为是小事，收下钱，当天下午就将条子送了出去。第二天，戴笠部署的抓捕行动再次落空。暴怒之下，他将毛列处决。

一个女孩子能有多大能耐？戴笠决定亲自审讯张露萍。“你叫什么名字？”“张露萍。”张露萍应对自如。任凭戴笠如何威逼利诱，张露萍都一口咬定，自己当年的确去过延安，却因受不了苦早早退学回家，与张蔚林只是恋爱关系，是迫于军统“年轻后生谈恋爱要坐牢”的规定才以兄妹相称，至于偷情报，她根本听不懂。戴笠从她嘴里什么都掏不出来，气得捶桌吼道：“狡赖！给我打！”

钢丝橡皮鞭抽打，昏死就泼冷水，清醒后接着抽打……一次审讯下来，张露萍浑身红肿，几度昏厥，她的声音越来越虚弱，灰白的嘴唇不断淌着鲜血，却始终咬定：“不知道！”无奈，戴笠只得以“和重庆地下党有联络”为由，判张露萍等七人死刑。

这起震惊国民党的“军统电台案”使蒋介石大为吃惊。他大骂戴笠无能：“共产党插入我们的心脏，你都不知道！”戴笠也不得不承认，这是自己同共产党斗争最惨重的一次失败。多年后提到此事，他还咬牙切齿，恨恨不休。

1941 年 3 月，张露萍等七人由重庆转押到贵州息烽集中营监禁。四年后，戴笠对从张露萍嘴里得到有价值的东西再也不抱希望，亲自给“息烽”主任发去密电：“将张露萍等七人就地处决，报局备案。”那年，张露萍仅二十四岁。

浪漫多情，大智大勇——黄慕兰

顾盼生辉、细腻多情，生活中，身边总是围绕着多情的男人，而实际上，这是她们对敌作战的最好掩护……顾晓梦是这样，对现已年过百岁的黄慕兰来说，当年的谍报生活也是如此。

黄慕兰原名黄彰定，又名黄定慧，出生于湖南浏阳一个书香门第，父亲黄颖初曾是谭嗣同的老师。1926 年，年仅十九岁的黄慕兰只身来到武汉，与何香凝、杨开慧等一起从事妇女运动，不久加入中国共产党，并担任汉口妇女部部长。凭借着出众的外貌、灵活的交际能力，黄慕兰结识了社会各界的上层人士。郭沫若曾将她化身为长篇小说《骑士》中的女主人公金佩秋；茅盾《蚀》三部曲中的女性，据说也有以她为原型的。

1927 年 3 月，在董必武、瞿秋白的撮合下，黄慕兰与《民国日报》总编辑宛希俨登报结婚。1928 年，宛希俨在赣南领导吉安暴动时牺牲。随后，黄慕兰只身前往上海，进入党中央书记处，后经组织批准，与新任中央委员贺昌结成夫妻。不久，贺昌被调往中央苏区（1935 年牺牲），黄慕兰则继续留在上海。按组织要求，她对外隐瞒了自己与贺昌秘密结婚的经历，以宛希俨遗孀的身份在上海公开露面。法租界的大律师陈志皋对她一见倾心，并展开疯狂追求。黄慕兰曾向组织请求去苏区与丈夫会合，却被否决：“你的工作岗位在上海，与陈志皋结合更有利于掩护身份，合乎工作需要。组织会向中央证明这是服从工作需要，相信贺昌不会埋怨你。”

在此期间，黄慕兰立下两大奇功。

一是密报向忠发被捕叛变。

1931年6月的一天，黄慕兰和陈志皋在一个咖啡馆遇到了陈志皋的同学、租界当局的法语翻译曹炳生。闲聊中，曹炳生说起：“今天一早，巡捕房捉了个共产党的大头头，五十多岁的样子，湖北人。酒糟鼻、金牙齿，一只手只有四根手指头。这人架子蛮大，但没一点骨气，还没用刑就什么都交代了……”说者无意，听者有心，曹炳生一走，黄慕兰便借口头疼回了家，并迅速将负责中央特科工作的潘汉年叫到自己的住处，将在上海工作的湖北人一个个“排起队”来……

“会不会是总书记向忠发？”黄慕兰脱口而出，“对，是他。他年轻时为了戒赌，将左手手指砍去了一个。”

第二天，向忠发戴着手铐脚镣，领着巡捕房的人闯到周恩来家中，却扑了个空。第三天，康生和潘汉年带着黄慕兰去见周恩来，一见面，周恩来就紧紧握住她的手说：“慕兰，你真不错呀！”

第二件奇功是智救关向应。

1931年4月中旬，时任中共中央政治局委员的关向应在位于上海闸北区的寓所被捕。因化名李世珍，他的身份并未暴露。几天后，顾顺章在汉口被捕，随即叛变，不仅供出中共中央地下几乎所有机关及领导人地址，还将在押的、身份尚未暴露的中共领导人一一指认出来。情况非常危急！黄慕兰接到指示，不惜一切代价尽快救出关向应。分析再三，她向陈志皋提出要去拜访他的父亲陈其寿。陈其寿在法租界当了十八年刑庭庭长，在上海司法界一言九鼎。

陈其寿非常喜欢黄慕兰，主动提出收她为干女儿。陈志皋向父亲提出，黄小姐有个远房亲戚叫李世珍，被当局误抓，现关在龙华监狱，不知能否通融一

2009年4月27日上午，一百零二岁的黄定慧在女儿的陪同下，来到西湖断桥欣赏美景

下。在陈其寿的打点和疏通下，被关了近半年的关向应终于被营救出来。

黄慕兰与陈志皋结婚后，1933 年奉命脱党，先后以银行家、慈善家、国民党特派员等身份，参与了“全国冤狱赔偿运动”、营救“七君子”出狱、香港文化名人大撤退等重大行动。

英茵、张露萍、黄慕兰和诸多有着同样经历的谍战女英雄，为信仰，毫不吝惜地付出了自己的一切，爱情、婚姻、青春甚至生命，她们是国家的英雄！

（本文选自人民网）

巴金小说《团圆》中“王成”的原型

文／任庆海　李权兴　王兴业

巴金的中篇小说《团圆》于1961年8月发表在《上海文学》上。小说中描述的王成“年纪不过三十多点，来到朝鲜，水土不服，身体不大好”。“这个团完成了上级给的任务，友军也终于赶到了。只是王成没有能回来。他勇敢地在山头牺牲了”。巴金的这篇小说发表后，当时的文化部副部长夏衍让长春电影制片厂于1964年将其改编成了电影《英雄儿女》。

现在四十岁以上的人，对电影《英雄儿女》都是很熟悉的，电影中歌颂的志愿军英雄王成的形象也同样被人们铭刻于心。王成的事迹取材于战场上的一次真实的战斗。

原河北省军区司令员张振川说：“1952年，巴金在朝鲜开城前线，对志愿军六十五军五八二团进行战地采访。他作为志愿军慰问团成员，在朝鲜战场待了很长时间，冒着极大的危险，终日在战壕里与志愿军指战员同甘共苦。可以这样说，《团圆》是巴金用生命写出来的。我作为团长兼政委向他介绍我团三打‘红山包’战斗中二营六连副指导员赵先友和战友们坚守六十七高地视死如归、壮烈牺牲的事迹。巴金被赵先友等人的英雄壮举深深感动，写出小说《团圆》。”

1952年10月2日，李承晚陆战王牌军第十一师万余人向我志愿军扼守的六十七高地发起猛攻，六连伤亡较大，连长、指导员受伤离开阵地，副指导员赵先友担任连队的指挥。10月6日，敌人临近阵地，情况危急，赵先友命令刘顺武用步话机向团指挥所报告：“团长，敌人上来了！开炮打吧！”张振川团长只得命令炮兵向敌人开炮。

这次战斗中，六连被授予“英勇顽强守如泰山的钢铁连”光荣称号，赵先友荣立特等功，刘顺武等八位同志立一等功。1991年，六十五集团军为宣传英雄事迹，决定在一九四师五八二团营区办公楼前立一座“王成式的战斗英雄赵先友”英雄塑

“向我开炮”电影《英雄儿女》剧照

像，小说《团圆》的作者巴金欣然题字“王成式的战斗英雄——特等功臣赵先友　巴金　1991年8月20日”，还特地分别写了横竖两幅，供制作时选用。

在构想王成牺牲的情节时，编剧毛烽意外地发现洪炉和战友合写的题为《向我开炮》的通讯。这篇通讯写的是1953年6月29日晚，志愿军七十三师二一八团配合金城主攻方向对无名高地之敌反击，战斗中于树昌喊出“敌人上了我的地堡顶！开炮！向我开炮！”之后，砸碎步话机，拉响最后一根爆破筒，冲向涌来的敌人，牺牲时年仅二十二岁。于树昌的英雄壮举，突出地表现在“向我开炮”的经典情节。

其实通讯《向我开炮》报道的是两次战争的场面。另一次是1953年4月23日六十七师二〇一团步话兵蒋庆泉及战友在石岘洞北山遭到强敌围攻时，蒋庆泉对步话机喊出了:“向我的碉堡顶开炮！”

《英雄儿女》的历史背景是抗美援朝时期著名的上甘岭战役。军长秦基伟说:“上甘岭战役是我一生中最残酷的战役。”十五军编撰的《抗美援朝战争史》记述:“战役中，危急时刻拉响手雷、手榴弹、爆破筒、炸药包与敌人同归于尽，舍身炸敌地堡，堵敌枪眼等，成为普遍现象。”正如电影《英雄儿女》中所说:“在中国人民志愿军里，有千千万万个王成。”

赵先友，河北省唐山市乐亭县人，1928年生于姜各庄镇庄头东村的农民家庭。

在他读完小学后，日本侵占乐亭，实行“清乡”“扫荡”及野蛮的“三光”政策。赵先友终止学业后曾为八路军传递信件，年龄稍长便参加运送军粮、护送伤兵的工作。1947年10月，赵先友告别新婚妻子陈莲华毅然参加解放军，被编入冀东军区第四十八团。解放战争中，他英勇战斗，三次荣立战功。1949年1月加入中国共产党，被评为模范党员。1950年6月25日朝鲜战争爆发，11月9日赵先友所在部队从宁夏东进，参加中国人民志愿军出国作战。

1952年10月2日，志愿军六十五军一九四师五八二团二营奉命夺取了敌人占领的六十七高地。赵先友是二营六连的副指导员。战斗任务是防守占领阵地，坚

决打敌反扑。高地因海拔六十七米命名，面积不足一平方公里，离板门店只有五公里。高地的对面是李承晚陆战王牌军第十一师。10 月 3 日中午，敌人为夺回六十七高地，动用坦克、飞机、大炮对高地实施轰炸，接着以两个加强连的兵力向高地猛扑。这致使六连伤亡较大，指导员、副连长负重伤被抬下阵地，副指导员赵先友与连长李才商量：由于敌火力太强，山上没有坚固工事，先把主力放在青山包下边的屯兵洞，必要时往阵地上增人；他自己带一个加强班坚守六十七高地。营长批准了这一请求。当天，敌人发起的一次又一次反扑都被击退。傍晚，赵先友借着月光仔细地察看地形，认为阵地虽有险可据，但人员集中很难承受敌炮火袭击。他把大部分兵力放到阵地两侧，正面只留少数兵力，使敌人摸不清我军兵力部署。并适时与隐蔽在屯兵洞的连主力联系，采取逐渐增兵的策略与敌人周旋，以争取最后的胜利。

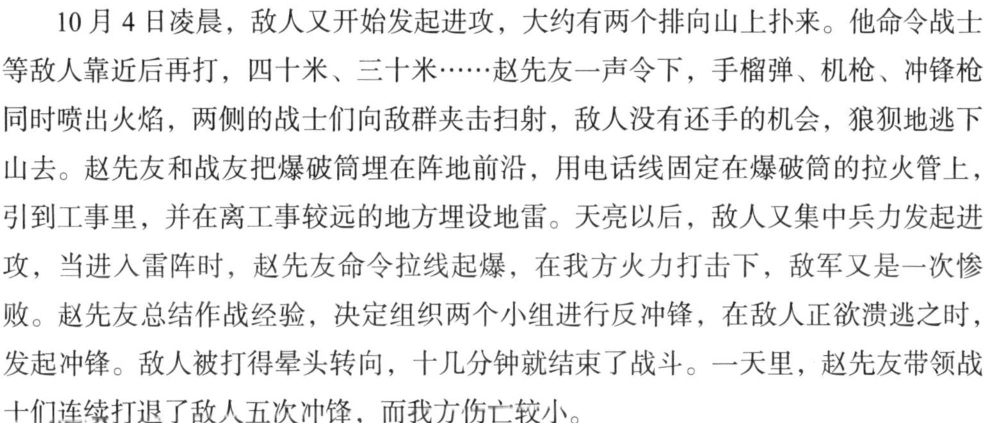

10 月 4 日凌晨，敌人又开始发起进攻，大约有两个排向山上扑来。他命令战士等敌人靠近后再打，四十米、三十米……赵先友一声令下，手榴弹、机枪、冲锋枪同时喷出火焰，两侧的战士们向敌群夹击扫射，敌人没有还手的机会，狼狈地逃下山去。赵先友和战友把爆破筒埋在阵地前沿，用电话线固定在爆破筒的拉火管上，引到工事里，并在离工事较远的地方埋设地雷。天亮以后，敌人又集中兵力发起进攻，当进入雷阵时，赵先友命令拉线起爆，在我方火力打击下，敌军又是一次惨败。赵先友总结作战经验，决定组织两个小组进行反冲锋，在敌人正欲溃逃之时，发起冲锋。敌人被打得晕头转向，十几分钟就结束了战斗。一天里，赵先友带领战士们连续打退了敌人五次冲锋，而我方伤亡较小。

10 月 5 日上午，敌人在多次惨败之后使用飞机、坦克和上百门大炮，对六十七高地进行地毯式轰炸，炮弹、炸弹、凝固汽油弹，整个阵地浓烟滚滚，碎石横飞，葱山变秃岭，山头被削下去一米左右。敌人一个营的兵力，在飞机、坦克掩护下，强行向高地发起攻击。赵先友率领六连战士与敌人殊死拼搏。激烈的肉搏战后，阵地上只剩下身负重伤的赵先友、负轻伤的刘顺武、二排副排长王桂印、战士李富四人。敌人还用飞机、炮火封锁了我军增援的通路，派去增援的一个班都伤亡在路上。一架敌机被我守军击中，栽到六十七高地山脚下爆炸燃烧。

敌人从高地四面包围上来，副排长王桂印、战士李富牺牲，阵地上只剩下了身负重伤、双目失明的赵先友和负伤的刘顺武。关键时刻，步话机中传来的是赵先友的喊话声：“团长，敌人上来了，快开炮打吧！”指挥所里张振川团长只得把心一横，命令炮兵向阵地开炮，同时组织部队进行增援。反击部队夺回阵地后，发现在六十七高地坚持了五十七个小时、打退敌人十七次冲锋、主动出击两次、歼敌五百六十二人的赵先友和刘顺武等二十位同志已经壮烈牺牲。后来，部队将赵先友等烈士的遗体运送回国，安葬在沈阳抗美援朝烈士陵园内。

1954 年 4 月 1 日，唐山市乐亭县政府在赵先友的家乡召开了隆重的追悼大会，授予他“人民功臣”的光荣称号。1992 年 8 月，赵先友雕像在他生前所在部队驻地怀安县落成，上面刻有作家巴金题词：“王成式的战斗英雄——特等功臣赵先友”，以及张振川司令员叙述赵先友和六连英雄事迹的碑文。

（本文发表于 2013 年 1 月，选自《人民政协报》）

《红色娘子军》“吴琼花”原型——庞琼花

文／吴智远　庞修荷

战地琼花别样红

在海南庞姓家族史上，有一群用鲜血写下悲壮革命故事的热血女子：庞琼花、庞学莲、庞育香和庞家媳妇王时香、冯增敏。

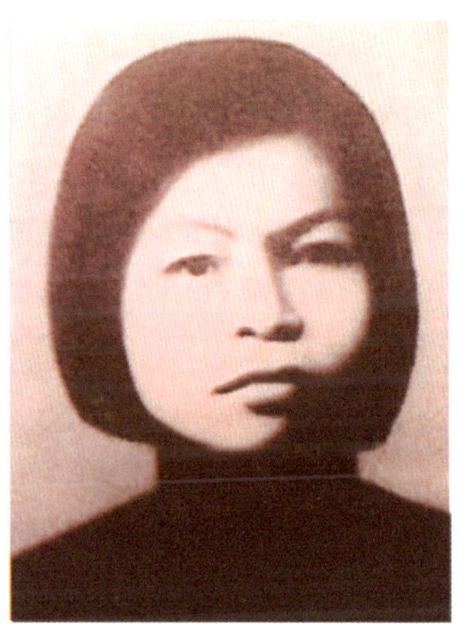

庞琼花

她们五人中有四人是红色娘子军的连级干部——娘子军连首任连长庞琼花、继任连长冯增敏、指导员王时香和二连指导员庞学莲。

庞琼花（1911 年—1942 年）是琼剧《琼花》、电影和芭蕾舞剧《红色娘子军》主角“吴琼花”的原型之一。当然，这一艺术形象的身上，应该也融合了其他女性的性格特征。

伴随着电影和芭蕾舞剧的传播，《红色娘子军》女主角“吴琼花”的艺术形象，在中华大地上风靡了几十年。这位女英雄的人物原型，其实本姓庞，实名也是“琼花”。电影剧本作者梁信曾向外界披露，“吴琼花”的名字就是从庞琼花的名字衍化而来的。

然而，“吴琼花”背后的庞琼花，其身后之名虽可谓默默无闻，却在那个战火纷飞的年代，演绎了让后人赞叹的波澜人生。

“琼花”一现

庞琼花的一生是短暂的。

1911 年，庞琼花生于广东乐会（今海南琼海）阳江镇岭下村一个农民家庭。四岁时，便由父母包办婚姻，与本地题榜村一李姓人家订婚。

1927 年冬，其兄庞隆香参加琼崖第一次土地革命斗争，庞琼花在胞兄影响下也加入了少年先锋队。这年她才十六岁，李家便迫其过门成亲，她宁死不从，继续坚持参加革命活动。

1928 年，庞琼花加入了中国共产主义青年团，后在共青团乐会县委妇委工作。

1930 年，庞琼花参加红军，是红三团一营二连的战士。她参加过几次战斗。在战斗中，她胆大心细，勇谋兼备，屡建战功，深受红三团首长赏识。

1931 年 3 月 26 日，琼崖工农兵第三次代表大会在乐会、万宁两县交界的加荣村举行闭幕式。在闭幕式上，乐会县赤色女子军连宣告成立。赤色女子军连仅有一个排的人数，连长便是庞琼花，指导员是王玉文。

5 月，庞琼花任中国工农红军第二独立师第三团女子军特务连连长。女子军特务连成立后，庞琼花即带领全连投入紧张的军事训练和文化学习中，担负起保卫领导机关和看守犯人的任务，还发动群众参军参战，配合主力部队作战。

同年 6 月，她带领女子军特务连参加沙帽岭伏击战，用计诱敌深入红三团主力部队埋伏圈，毙俘敌兵百余名，活捉了国民党乐会县“剿共”总指挥陈贵苑，女子军特务无一伤亡，自此声名大振。

1932 年 8 月，国民党驻军陈汉光部“围剿”母瑞山，琼花从母瑞山脱险回家后被敌人发现逮捕入狱。在监狱中她受到严刑拷打而始终不屈，直至 1937 年国共两党合作才获释。

彼时女子军早已解体，庞琼花回乡结婚。

后来，日本军队侵琼，在庞琼花的家乡修炮楼，建立伪维持会，而庞琼花的丈夫因拒绝担任伪维持会会长被杀害。1942 年，日军军官看上了长相漂亮的庞琼花，但她死活不从，躲到几十里外的深山，但是不幸被日军发现而遭到杀害。

沙帽岭大捷

巾帼不让须眉，在庞琼花短暂的生命历程中，她取得了多次战斗的胜利。庞琼花率领全连战士积极配合主力部队作战，其中最著名的是沙帽岭伏击战，沉重打击了国民党军的嚣张气焰，女子军的声名也因此远扬，后世所赞誉的“红色娘子军”正是由此而来。

1931 年 6 月，红三团决定引诱陈贵苑民团武装进入苏区腹地予以歼灭，由庞琼花率领女子军负责正面阻击敌人，诱敌深入。26 日早晨，红三团和赤卫队进行战术佯动，浩浩荡荡地朝万宁方向开拔，在途中又是唱歌又是吹号，大造声势，营造大军远征的氛围。到达万宁县（今万宁市）四区的加任村后，就在密林中隐藏起来。当天晚上，在夜色的掩护下，红军和赤卫队又悄悄班师返回苏区，埋伏在到县苏维埃政府和琼崖高级列宁学校必经之路的沙帽岭的峡谷山林中。陈贵苑在知道红

军主力已远去万宁，苏区只有女子军留守的消息后，以为偷袭县苏维埃政府时机终于来到了。

27 日一早，陈贵苑带领几百号民团人马，兵分两路往苏区扑来。敌军进入苏区境内后，遭到女子军阻击。为了诱敌进入红军主力的埋伏圈，女子军且战且退。陈贵苑果然上当，竟不与另一路民团联系就贸然下令进兵。

庞琼花指挥女子军佯作败退，团丁不知是计，紧追不舍。当团丁被引入红军主力的埋伏圈后，庞琼花指挥女子军发起进攻，霎时军号声响起，杀声震天，枪声震撼山谷，敌军猝不及防，乱作一团。直到此时，陈贵苑才知中计，眼看伤亡惨重，他不敢恋战，企图夺路而逃，但已是马落泥窝，不能自拔了。另一路团丁听到沙帽岭的枪声一阵比一阵紧，知道情况不妙，不敢前来救援，便龟缩回中原据点去了。这场战斗只一个小时就结束了。红军毙团丁百余人，俘七十余人，缴获长短枪一百四十六支和弹药、大米、鱼虾等物资几十担。陈贵苑和敌中队长陈传美、莫儒才、常全等均束手就擒。

第二天，红三团和县苏维埃政府召开公审大会处置陈贵苑。晚上，红三团文艺宣传队还在操场举行祝捷晚会，慰问在沙帽岭战斗中荣立战功的女子军。

文魁岭保卫战

1931 年 12 月，驻乐会县四区的红三团主力被调到琼崖中路与红二团会合改编，乐会四区由女子军留守。乐会县民团头子王兴志闻讯，喜出望外，当即带领一百多名团丁进犯乐会四区，企图攻占苏区腹地文魁岭，捣毁红军军械厂、弹药制造厂等军事重地和红军医院。

远在百里之外的红三团计划星夜回师驰援。在军情万分危急之际，女子军主动请战，自告奋勇保卫文魁岭。团长王天骏认为，经过沙帽岭伏击和火烧文市炮楼的实战锻炼，女子军已经具备了独立作战的能力，具有保卫文魁岭的军事实力，于是同意了她们的请求，决定红军主力暂不返回。

女子军连夜开赴文魁岭山腰，挖战壕构筑工事，做好迎击敌人的准备。第二天一早，团丁兵分三路往文魁岭窜来。到了岭下，团丁见无动静，以为红军已人去岭空，个个得意忘形，便边打枪边往岭上爬。隐蔽在经过伪装的掩体内的女子军早已箭上弦、刀出鞘，枪口瞄准着来敌。当团丁距战壕仅二十米时，庞琼花发出反击信号。机枪手陈月娥架起在沙帽岭缴获的那挺机枪，横扫直射。敌人连续三次冲锋都被女子军击退后，已溃不成军。

这时，女子军的冲锋号响起，庞琼花带领战士们扑向敌人。王兴志见势不妙，只好带着残兵朝白石姆方向仓皇逃命。

文魁岭战斗的胜利，保卫了苏区军事要地的安全，显示了女子军已具备独当一面的作战能力。

庞琼花又一被捕照片现身

据《长江日报》的报道，2014 年 4 月 19 日，最后一位红色娘子军战士、百岁老人卢业香在琼海市病逝后，武汉一收藏家向该报透露，他发现了电影《红色娘子军》人物吴琼花原型之一、“红色娘子军”首任连长庞琼花被俘画报照片。那是目前发现的最早的关于庞琼花的照片。

庞琼花被俘照刊登于 1933 年 2 月 15 日上海出版的《时代》画报第三卷第十二期。该画报为大八开本，标明“国民政府内政部核准发行”。该期画报共二十八页，第十五页用一组五幅照片报道了 1932 年国民党军队“围剿”琼崖革命根据地、捕获共产党人的情形。

报道蔑称“广东琼崖各处受匪祸数载……此次经粤警卫旅痛剿，不数月匪首王文宇、苏维埃主席陈骏业及女匪首庞琼花悉数就擒”。

位于海口市琼山区中山路三十五号的青少年宫，正是当年的府城监狱，被捕后几位女子特务连的战士正是在这里共同度过了几年的铁窗生涯。

其中一幅照片的说明为“红军女子模范军先锋队队长庞琼花就擒后对海口民众演说状”。照片中，庞琼花穿浅色上衣，短头发，双手被绑在背后，神态镇静。

原琼海市委党史研究室主任陈锦爱介绍，虽然这不是最早的庞琼花的照片，但也弥足珍贵，填补了之前的空缺。

据了解，目前发现的有关庞琼花的最早照片，是 1932 年她与其他七位女子军连成员被捕后的合影。

（本文选自《海南日报》）

穿越《北平无战事》 起底当年真人真事

文／刘　岳

电视剧《北平无战事》在北京、山东等电视台热播，现在已接近尾声。该剧遵循“大事不虚，小事不拘”的创作原则，其中既有历史的真实，又有艺术的虚构。本文通过该剧创作的历史背景，介绍一些1948年前后北平真实存在的人和事，以飨读者。

令人发指的七五惨案

电视剧《北平无战事》以七五惨案为导入线索，展开跌宕起伏的宏大叙事。历史上真实的北平七五惨案是这样的。

1947年在城工部工作时的刘仁

1948年春天，东北解放军解放了东北三省的广大地域，把国民党军队围困在长春、沈阳、锦州等几个大城市。在国民党政府的欺骗、威胁下，这些城市中的部分大中学校学生一万两千多人，随校迁至北平。到达北平后，国民党政府对这些学生采取冷漠、拖延、欺骗的态度，东北学生被安排住在寺庙、火车站、城门楼、防空洞等处，每顿只能吃上两个小窝头、几块咸菜，正常的学习、生活根本无法保证。

7月3日，国民党北平市参议会第一届第三次大会，通过了所谓的《北平市参议会关于救济东北来平学生办法案》，规定对东北学生予以严格的军训，东北国立、公立学校停办，停发经费。

7月5日，流亡北平的东北十五所大、中学校五千余名学生，在西长安街北平市参议会门前、北长街李宗仁门前、东交民巷一号院北平市参议会议长许惠东家门前请愿。

下午5时许，北平市警备司令陈继承从西苑调来青年军二〇八师的两个连，在搜索营营长的带领下，把东交民巷许惠东家门前的学生分割成两段。两辆装甲车守在许宅门前，两辆装甲车堵住西边学生的退路。士兵排成两道封锁线，枪口对准了学生。为避免冲突，学生们仍忍耐着坐在地上，等候进入许宅谈判的代表的消息。

下午6时55分，当协议达成、学生们准备撤离时，东交民巷东口响起了枪声，一些学生中弹倒地。枪声停歇后，当学生救护伤者时，枪声又起，又有一些学生中弹倒地。

1948年7月9日，全国学联为抗议当局屠杀东北流亡学生七五惨案发表宣言

在这场惨案中，被屠杀的有东北学生八人、北平市民一人，伤一百三十余人。7月6日，大批军警闯入东北大学等校学生的住所，又逮捕了三十七人。

城工部三部地下电台设在哪里？

《北平无战事》中倪大红饰演的中共北平地下党的领导、中央银行北平分行襄理谢培东，每当紧急时刻就会取出电台秘密向城工部发报，情节十分紧张。那么，城工部在北平有几部地下电台？都在哪儿？怎么使用呢？

早在1942年，城工部部长刘仁就着手筹建北平城内地下电台。1945年8月，日本投降后，城工部决定在北平秘密建立地下电台，以便加强解放区与北平地下党之间的通信联络。1947年5月，北平地下电台开始和城工部电台互相发报。经过近五年的准备，城工部北平地下电台终于建立起来了。

城工部在北平设了三部地下电台，隶属地下组织“学委”，由崔月犁领导，李雪负责技术指导和日常工作。

旧鼓楼大街一百一十八号（老门牌）、帽儿胡同十二号、西交民巷兵部洼九十一号、洋溢胡同三十六号、牛街沙栏胡同、宣武门外西草场十二条等地都曾经是地下电台的掩护地点。

除了安顿好“家”，作为地下组织的核心机要部门，刘仁还为地下电台的同志制定了严格的纪律：

1. 一律停止党的组织生活；

2. 杜绝一切社会关系，不许和亲友往来；

3. 不允许到公共场所活动，不许上电影院；

4. 不许读进步书籍；

5. “安分守己”，深居简出。

城工部系统的三部地下电台，始终没有被敌人发现，创造了一个奇迹，实际上这个奇迹是经过地下电台的同志们周密策划实现的。

发报量不大时，三部电台轮换使用，收、发报时间错开，来往的电文也都很短。这样，敌人很难发现电台的活动规律，即使侦测到可疑信号，也会很快消失，再也找不到了。

为了避免敌人破获电报内容，城工部地下电台一律使用密码，刘仁亲自参与编制密码。从1946年起，他们先后搜集了若干个版本的字典，苦心研究几套密码，不断变换。进城以后，译电员方亭在西单买了两套言情小说《惜分飞》，自己留一套，送组织一套。把小说当作密码底，双方商量好怎么译，实际上就是自创了一套密码。

每一部地下电台工作人员由报务员、译电员、交通员组成。电码只是一组组的阿拉伯数字，报务员根据电码收、发电报，但根本不知道电报的内容，只是将一组组的电码抄在小而薄的纸上，在预定的时间和地点与交通员交接。交通员只是负责传递，根本不懂得电码，即使遇到情况，也不会发生问题。译电员负责将情报译成电码或将电码译成情报，也是在预定的时间和地点与交通员交接。因此，不会出现一个人看着情报直接发报的情况。只是在北平解放前夕，由于电报业务量太大，形势变化太快，报务员艾山、王超向和译电员方亭曾经短时间住在一起，这属于特例。

（本文发表于2014年10月，选自《北京青年报》，有删节）

《人间正道是沧桑》原型揭秘

文／曹飞跃

讲述国共革命和家国故事的电视连续剧《人间正道是沧桑》曾在央视热播。随着电视剧的播出，观众们似乎从中隐隐约约看到了历史，于是，就产生了将电视剧主人公与历史人物对号入座的欲望。那么，这些电视剧主人公的原型究竟是谁呢？

从《人间正道是沧桑》中，明眼人可以窥见国共沉浮，阅览北伐革命至解放战争背后的历史烟云，更借杨、瞿两家的命运更迭，感受其背后所牵连的社会变迁，乃至不可言说的正道沧桑。

男一号“杨立青”是陈赓？

两分钟内，绕过一整屋特工，自屋顶悬索入室，手刃出卖中共早期领导人罗亦农的叛徒何家兴、贺治华夫妇后，从容脱身——这完全就是正规陆军的作战战术。在暴跳如雷后，负责暗杀和清除上海共产党的杨立仁忽然心生恐惧，他知道，弟弟杨立青回来了。

作为一部正剧，上述这个细节引发了《人间正道是沧桑》拥趸们的一连串联想和推理：杨立青的原型是谁？有人给出的答案是：陈赓大将。

陈赓，这个黄埔一期学员，十三岁即投笔从戎，是蒋介石的得意门生。黄埔军东征讨伐陈炯明时，他曾携蒋夜行百里，于蒋有救命之恩。1928 年，陈赓赴上海从事中央特科工作。这一年，中共早期领导人罗亦农因遭叛徒何家兴、贺治华出卖，被捕就义。据传，贺治华妖娆妩媚，柳眉星眼，怒中带笑，愁中见喜，见了高级干部，热情得像团火——可惜热衷于享受奢华生活，为三千美金的悬赏金就把罗亦农出卖了。罗亦农被捕当日，前来赴约的邓小平因迟到一分钟而躲过一劫。

随后，邓小平与李维汉在周恩来应允下发出锄奸令，陈赓带领中央特科红队，扮演迎亲队，冲入贺治华房中，将何家兴夫妇枪杀。不过，贺治华当时并没有死，只被打瞎了一只眼睛，据传在 1938 年被国民党灭口。

但是，也不能简单地在杨立青和陈赓之间画上等号。事实上，如果单从出身来看，杨立青的历史原型是一个多项选择题。有热心人一一查阅黄埔三期学员，发现湖南籍毕业生有一百二十一人，其中湖南醴陵籍八人。不过，这八人都是国民党将领，并不符合杨立青后来的共产党身份。而同期的共产党员八人中，唯一情况接近的是湖南人唐天际。此人曾做过湘南游击大队大队长，参加过中央革命根据地的历次反“围剿”，1934 年 10 月参加长征，与剧中杨立青的经历相符。

杨立青原型的另一可能者是萧克。不过，萧克的经历比杨立青可不知强多少倍：二十五岁当上军长，抗日前夕任八路军一二〇师副师长，是一级将领中最年轻的一位，1955 年获授上将军衔；而且，与常常“耍赖”的杨立青相比，萧克是众多开国将军中唯一写过长篇小说并获得茅盾文学奖的人。

老师“瞿恩”是瞿秋白 + 周恩来?

如果杨立青是陈赓，那么，在剧中领导上海工人第三次武装起义，以及主持中央特科工作的瞿恩，岂非周恩来？甚至从名字上来看，“瞿恩”也隐含了“恩来”的意思。不过，更多的线索却指向另外一个历史原型：瞿秋白。

在《人间正道是沧桑》剧中，瞿恩被其黄埔学生范希亮忍痛枪决，而在真实的历史中，瞿秋白则为黄埔学生宋希濂所杀。宋希濂后来在一份材料中曾这样写道：“将秋白先生处决后，我叫人买了一口棺材装殓，即埋葬在中山公园的旁侧。”

1935 年，瞿秋白于福建被捕。6 月 18 日清晨，瞿秋白被枪决前，更衣，梳洗，神色自若，并作绝命诗：“夕阳明灭乱山中，落叶红泉听不穷……”待见将介石“就地枪决”的电令，则随廖祥光至长汀中山公园，信步行至公园亭中，独享小菜四碟、美酒一瓮，酒半言曰：“人之公余，为小快乐；夜间安眠，为大快乐。”随后走出公园，步行至罗汉岭刑场，沿途手持香烟，用俄语高唱《国际歌》《红军歌》，于某坟墓上盘足坐定后，还回头对刽子手说“此地很好”，然后高呼“打倒国民党”“中国共产党万岁”等口号，饮弹就义。

宋希濂为国民党将领，亦是抗日名将，与瞿秋白有师生之谊。宋在奉命枪决瞿秋白之前，曾多次劝降，终因后者始终不肯而将其忍痛杀害。在《人间正道是沧桑》一剧中，黄埔三期学生范希亮忍痛枪决昔日老师、共产党人瞿恩，就被认为是对此段历史的重现。

有分析说，剧中的瞿恩与瞿秋白同为黄埔教员，有文人气质，是中共元老，就义时年龄相仿。而剧中范希亮与瞿恩关于农民土地改革的问答，简直就是宋希濂在劝降瞿秋白的对白翻版。还有一个依据是，瞿秋白的妻子杨之华，与剧中瞿恩的准爱人杨立华仅一字之差。

此外，也有人认为瞿恩身上有蔡和森和恽代英的影子。

剧中“瞿霞”与那些革命丽人们

在《人间正道是沧桑》一剧中，曾协助哥哥瞿恩从事地下革命工作，后被捕入狱历经折磨的瞿霞最终没有选择初恋情人杨立青，让后者惆怅终生。此段情节，正是基于共和国第一位女组织部部长帅孟奇的故事。

1932 年“白色恐怖”期间，帅孟奇因叛徒出卖被捕。在狱中，她受尽折磨，曾因遭酷刑而七窍流血。次年被判无期徒刑，押往南京“模范监狱”，直到 1937 年才经党组织营救出狱。帅孟奇的丈夫以为她已经牺牲，在她出狱前另组家庭。此后，她再也没有成家，因为当她“不能把完美给最爱的人，就用一生来守着心中的缺”。

据《人间正道是沧桑》的编剧江奇涛称，瞿霞的经历集合了多位中共历史上女革命家的故事。不过，究竟是哪些女革命家，却语焉不详。既然如此，那么，另外一位革命丽人也自然被“借来”对号入座——龚澎。这个出身革命世家的安徽女子是我国第一位新闻发言人，她英文流利、思维缜密、美丽而高贵。1943 年，她与中华人民共和国外交部前部长乔冠华在重庆完婚，毛泽东赞誉他们是“天生丽质双飞燕，千里姻缘革命牵”。

不过，根据《人间正道是沧桑》开头的说法，因为瞿家母子三人曾赴法留学，因此，瞿霞的人物原型也被认为是中国妇女运动的领袖蔡畅。

（本文选自《看天下》）

《智者无敌》中“中村功”原型：周恩来曾赞其为“国宝”

文／严友良　徐向科

夜色朦胧，乐音靡靡，霓虹灯闪烁。在上海一家名叫“仙乐舞厅”的地方，两位三十岁左右的青年男子，举杯之际，谈笑风生。左边一位中等身材、目光炯炯，他叫中村功，身份是“日本驻沪宪兵司令部特别行动处主任”；另外一位是读卖新闻社记者，戴着眼镜、风度翩翩，名叫西里龙夫。只见两位不时压低声音，谈论着东京和上海的最新情况。原来，他们是日共和中共的双料党员，负责情报搜集工作，中村功的代号是“杜鹃”。

这是谍战大戏《智者无敌》中的片段，该剧主要讲述了由演员陈宝国饰演的“杜鹃”——中村功如何与日军情报“梅机关”头领影佐祯昭斗智斗勇，帮助中国共产党搜集情报、屡建奇功的故事。剧情虽是虚构，但也不是全无根据。历史上，“中村功”确有其人，不过，他真名叫中西功。

二十世纪三十年代末至二十世纪四十年代初，在抗战最艰苦的年代，正是通过中西功，中国共产党领导机构才能及时了解日军统帅部的某些战略决策、日本天皇御前会议内容、日军作战部署、日本和汪精卫勾结的情况，甚至军用作战地图、抓捕上海爱国人士的黑名单……难怪，周恩来同志曾经赞其为“国宝”。

东亚同文书院出品的“另类”

在电视剧中，智勇无敌的“杜鹃”——中村功最终被打上了“中国孤儿”的身份，由其日本养父母带到日本养大成人。历史上的中西功则出生在日本的三重县，生于1911年。

据公开的资料，1929年夏天，年仅十八岁的中西功便以日本同龄人惯用的“浪人”方式，闯荡到上海，就读于当时还在上海徐家汇虹桥路的东亚同文书院。事后看，正是东亚同文书院的岁月决定了中西功后来波澜壮阔的一生。

提及东亚同文书院，熟悉近代中日历史的人并不陌生。这所“教育机构”1900年5月成立于南京（当时称为“南京同文书院”，简称“同文书院”），同年8月迁到上海并正式更名为东亚同文书院。尽管其名义宗旨是为实现“东亚共荣”而专门培养中日双语人才——一方面招收日本青年留学中国，另一方面又输送中国学员留学日本，以形成日本的“知华派”和中国的“知日派”。但实质上，其是日本侵华战争的人才培养基地。

在东亚同文书院长达四十五年的历史中（其间多次变换校址，并于1938年日本侵占上海后租借上海交通大学校舍，从学院升格为大学），培养了一大批从事中日经济、贸易、文化、教育、外交等领域的学生，其中大部分毕业生都留在了中国，进入了日本在华的军政外交机构、工商企业和各地的伪政权。

外务省创办同文书院本是为日本培养精通中文的间谍，尤其是在“满铁”，毕业生多得难以统计，学院学生直接参加侵华战争或做随军翻译更是不计其数。不承想，这里却也培养了一批热爱中国的日本人，并最终诞生了以中西功、西里龙夫、白井行幸、尾崎庄太郎等为代表的“中共秘密谍报团”。而这一切又要归功于另一位重要人士，当时在东亚同文书院教书的中共地下党成员王学文教授。

王学文，原名王守椿，又名王昂，江苏徐州人。据介绍，王学文1910年赴日本留学，入东京同文书院。1921年考入京都帝国大学经济学部，受教于著名的马克思主义经济学家河上肇。正是在王学文的影响下，中西功与其他进步同学一起参加了校内外的革命斗争和学生运动。

1930年3月，因英文老师给了同年级五六个同学不及格的分数，学生表示不满。随后，一年级的学生举行了罢课，并驱逐了这位英语老师。在这次行动中，中西功初试锋芒。不久，中西功又参加了由王学文指导、西里龙夫等前期同学为发起人而组织成立的“中国问题研究会”。随着对中国社会认识的深入，再联系日本国内巨大的贫富差距和阶级矛盾，中西功逐渐对马列主义产生了浓厚的兴趣。1930年7月，中西功与安斋库治、白井行幸、水野成等人一起建立了意味着同中国团结斗争的秘密革命组织——“日支斗争同盟”。

也正是在这一年，中西功等“日支斗争同盟”主要成员向前来东亚同文书院参观的日本海军士官生队散发反战传单，结果，被日本领事馆中的便衣“特高”发现，中西功遭到逮捕（西里龙夫因母病返乡幸免），并被关押了九天。获释后，他受到勒令停学一年的处分。然而，逮捕、勒令停学事件并没有使中西功感到气馁，

他继续和同文书院内外的革命同道一起参加各种运动。1931 年 1 月，中西功加入中国共产主义青年团，后担任东亚同文书院团支部组织委员。

1932 年一・二八事变后，日海军陆战队强迫同文书院学生参加侵沪战争。这时，学院团支部决定，一方面搜集战事情报，另一方面发动同学开展“不参加战斗，要求回国，撤出侵沪战争”的运动。在中西功等人的努力下，这项反战斗争取得成功，二三月间，同文书院全体学生乘船回国。在归国的船上，中西功结识了以驻上海记者身份为掩护的共产国际远东情报局的成员尾崎秀实。

返回日本期间，中西功和西里龙夫继续从事革命活动。西里龙夫后来参加了“日本共产主义青年同盟”。中西功则同尾崎秀实的关系密切，曾为尾崎秀实代写论文和联络革命同志，并向尾崎秀实学习了情报工作。其间，二人都因为在东京“无产阶级研究所”积极活动而先后被捕。

留青小筑内的谍报大战

山阴路一百二十四弄二十八号，一座毫不起眼的小楼，远不如它隔壁弄堂口的“鲁迅故居”，也比不上街对面的“瞿秋白故居”的名头响亮。这栋三层的建筑如今变成了普通人家的住宅，地板上流淌着岁月雕刻的斑驳。

没有多少人会想到，当年决定着第二次世界大战最终命运的情报正是从这栋小楼里传出。这里曾是中西功的住所，当时人们习惯称其为“留青小筑”，而“山阴路”则是“施高塔路”。

原来，1934 年，中西功经尾崎秀实介绍到大连“满铁”总社调查部任职，从事中国问题、伪满经济和华北农村的调查研究；同时秘密进行联络“满洲”、华北、包头、北平、天津、上海等地的原同文书院革命同学的工作，其间他曾两次来沪同西里龙夫（1933 年春，西里龙夫来上海谋职，后经考验被吸收为中国共产党党员）密谈反对日本侵华事宜。

1938 年 5 月，为了更好地从事情报工作，经多次努力中西功从“满铁”大连总社调到“满铁上海事务所”。一到上海，中西功即通过西里龙夫要求恢复和中国共产党的关系。因发表研究中国经济现状的文章以及前期在“满铁”的调查工作，此时的中西功，在日本理论界已负有盛名，所以来沪后，就被日军“中国派遣军司令部”借调到日军特务部工作。

这个特务部是日本占领军重要的特务机构，用以筹组和指导汉奸政权，如伪上海市大道政府、伪中华维新政府，以及正拟筹建的汪伪“国民政府”等，是当时日本占领当局在华进行种种阴谋策划的指挥机关。正是这样的身份和地位，加上西里龙夫的帮助（后者于 1938 年取得了日军“中国派遣军司令部”顾问的资格，并就任伪“中华联合通讯社”指导官兼同盟社南京支社首席记者），让中西功有机会源源不断地将一些重要情报传递到延安的中共中央领导层。

据中西功和西里龙夫曾经的战友——中共上海地下党员方知达回忆，中西功等人搜集到的情报往往要辗转通过留青小筑、光华眼科医院、齐鲁小学、山东会馆等一步步转到上一级的手里，最终由吴纪光——中共上海情报科负责人转交到延安。

著名纪实文学史家郝在今总结，在抗战前期，中西功向延安发送的有战略价值的情报就包括：日、蒋、汪三方关系变化，日军占领武汉后已决定停止战略攻势、对蒋介石的诱和进展以及日军在华兵力调配及“扫荡”打算等。这时尾崎秀实担任了日本近卫首相的秘书，从东京不断向中西功发来包括御前会议决定在内的许多情报，亦由他再转发延安。“看到这些情报，等于参加了日本最高层决策会并做了记录”，据说毛泽东曾对这些“国际同志”的贡献作出了极高评价。

而中西功最为重要的贡献是在德国进攻苏联之后，将日本“南进决策”的确切消息报告了延安并转苏联，这一点正是电视剧《智者无敌》着重描述的。

1941 年夏，德国进攻苏联后，日本南进还是北进成为斯大林和中共中央最关心的问题。毛泽东认为，如果日本北上攻苏，中国抗战处境将更艰苦。值此关键时刻，尾崎秀实在首相身边得知日本决心同英美开战，通过德籍苏联情报员佐尔格迅速发电，使斯大林决心西调远东军二十个精锐师，在莫斯科危急时刻扭转了战局。世界上许多史学家称佐尔格、尾崎秀实是“二次大战中最成功的谍报员”，其实中西功对此情报也作出了重大贡献。特别是在珍珠港事变发生前两个月，佐尔格、尾崎秀实便被捕，近卫内阁受此案牵连倒台，日本决策层对南进尚未最后拍板。此时中西功冒着极大危险返回东京并到“满铁”探到绝密材料，得知了南进决策已定并了解到准确日期，报告了延安并转苏联，才接续完成了佐尔格、尾崎秀实的事业。

除此之外，中西功还准确地预判日本进攻美国珍珠港的时间大约在 1941 年 12 月。据中国社会科学院马克思主义研究院学者邓萍研究，这份宝贵的情报，中共曾及时告知了国民党当局。但有无传递到美方至今不得而知。自尾崎秀实被捕后，与之关系极密切的中西功也面临着遭受追查的局面，当时甚至有人通知他速“向西去”避往解放区。即便如此，中西功仍以高度责任感迟迟未走，还一度返回日本、北上大连参观“关特演”（关东军特别大演习）并最终确定日本政府将执行“关于促进南方施策的方案”以及“不惜对美英一战”的总方针。

进入 1942 年，西里龙夫和中西功仍同中国同志一道坚持工作。在敌人秘密搜索和追捕的危险情况下，半年中仍取得了以下重大的收获：关东军留守兵力和对苏戒备情况；太平洋战争爆发四个月来日本舰船损失的统计；关于日本为支援南进侵

略在华中敌占区搜刮物资、掠夺金融的策划；第十三军等进攻浙东国民党第三战区，其目的在于摧毁美国在玉山的战略轰炸机基地的报告。此外，还有中西功对日本南进的分析报告，认为日军占领爪哇后再无力向前推进，日本对战局难以持久支持等。

谍报团成员的生死轮回

“1942 年 6 月 12 日，施高塔路的弄堂像往日一样宁静，并没有被一位男人匆匆的脚步打扰，但就当这个男人走进熟悉的留青小筑二十八号的时候，身后的门被重重地关上了，两个陌生人逮捕了他。”这是后人笔下中西功被抓捕的场景。早在 1942 年 3 月，即有人告诉中西功，关东军宪兵司令部向上海日军司令部提出了“秘密逮捕，送来审讯”的要求。事实上，中西功亦察觉到有被日本特务秘密监视和检查的迹象。

6 月 12 日，中西功在遭逮捕后，很快被押解到东京警视厅，关进东京都的巢鸭拘留所，并经受了漫长的审讯。在东京的警视厅审讯中他一再强调：“再过三年，日本将败。然后我就会大模大样地（从拘留所）出去。”

在狱中，中西功“全凭自己的记忆”，坚持编写《中国共产党史》一书。中西功在其传记中写道：“我们也许不久将离开这个世界，此时此刻痛感有必要把我们从中国共产党那里学到的东西留给后人。”而对于他所认识的中国共产党，中西功如此评价道：“我想说的第一件事是现在的中国共产党在政治和理论上的高水平。中国共产党的历史仅有二十几年，其出发点非常之低，并且，国内工人阶级的比率之小，给党的发展造成了许多制约……但是，这个党现在……积累了非常丰富的革命经验，作为一个拥有一百五十万党员的大党，成为支配东亚命运的力量。”

1945 年 8 月 15 日，在日本投降之日进行的第一次公审中，中西功被判“死刑”。9 月，法庭宣判中西功死刑，等待执行。随后日本战败，联合国军总司令部（GHQ）入驻日本。根据美国占领军释放政治犯的命令，尚在等待死刑执行的中西功于 1945 年 10 月被释放出狱。其后，他于 1946 年 6 月加入日本共产党，并于同年参加设立中国研究所。1958 年至 1963 年，任日共神奈川县委员长。1960 年因领导反对《日美安保条约》斗争被捕。

1973 年，中西功因患胃癌病故，终年六十二岁，遗留有《在中国革命风暴中》等著作。据他的夫人中西芳子回忆，弥留之际，中西功最后怀念的仍是在上海的地下斗争岁月，曾断断续续地说：“我真想去看看！……看看那些街道，那些胜利的人们……他们有了自己的人民共和国……”

和中西功同一时间被捕的，还有南京的西里龙夫和北平的尾崎庄太郎以及“北支派遣军司令部”情报科长白井行幸等人。日本法庭对西里龙夫和中西功一案哀叹说：“彼等不怕牺牲，积极努力，用巧妙之手段，长期进行侦察活动，其于帝国圣业、国家安全、大东亚战争以及友邦胜负，为害之大，令人战栗。……被告西里龙夫、中西功沟通敌国，罪恶极大，已无保存价值，判处极刑。”

据日本史料记载，西里龙夫和尾崎庄太郎亦在盟军释放政治犯时出狱。出狱后，他们继续从事革命活动，其中西里龙夫于1982年曾以中国人民老朋友的身份被邀请来华访问，1987年因病逝世，终年八十岁，遗留有《在革命的上海》等著作。而白井行幸等一批志士有的病死狱中，有的被解送北海道强制苦役折磨，最终牺牲。

在以中西功为核心的“中共谍报团”中，1942年被捕的还有一些中国人，他们是中西功和上海地下党与延安的联络人。主要包括：程和生，中共上海情报科负责人，吴纪光与中西功之间的联络员，其掩护身份为日本“满铁上海办事处”调查室特别调查班班长，是中西功的直接下属；陈一峰，中共上海情报科南京情报站战略情报员，当时伪装身份是伪中联社、伪中央社首席记者（采访部主任），汪伪国民政府特工总部顾问；汪敬远，中共上海情报科南京情报站战略情报员，时为汪精卫的随从秘书。其中，程和生1942年牺牲，其他二人1945年从日本释放回国。

（本文选自《时代周报》）

包森——双枪“李向阳”原型就是他

文/林　野

包森（1911年—1942年），原名赵宝森，又名赵寒，陕西蒲城人。1932年2月加入中国共产党。1937年3月赴延安，进入中国人民抗日军政大学学习，抗战全面爆发后被派往晋察冀抗日根据地独立一师工作，任第三十三大队总支部书记。1938年6月，包森率四十多人到冀东，在河北兴隆一带开辟抗日游击区。1942年2月17日，包森部在遵化与日伪一部遭遇，他在指挥战斗中不幸牺牲，终年三十一岁。

位于北京盘山的“包森烈士之墓”

北京东边的盘山，有一座烈士陵园，一个四方的水泥台上，竖立着大理石墓碑，墓碑正面，镌刻着“包森烈士之墓”几个大字。

作为冀东军分区副司令员兼十三团团长，包森硬是在虎口下壮大了盘山抗日根据地，眼见形势渐好，三十一岁的包森却牺牲在敌人的枪口下。

后人为了缅怀先烈，拍摄了电影《平原游击队》，片中那位智勇双全的主人公双枪“李向阳”的原型就是包森。

智擒日本裕仁天皇表弟赤本

1938年后，邓华支队与宋时轮支队合编为八路军第四纵队挺进冀东，配合冀东人民抗日大暴动。包森的队伍便是其中之一。

包森烈士

在包森的抗日史料中，很多记载都浓墨重彩地讲述“1939年智擒日本裕仁天皇表弟、宪兵司令赤本大佐”的故事。

1939年初，日军派赤本坐镇遵化。赤本狂妄地放话：悬赏三十万元，亲手抓捕包森。然而，包森却上演了活捉赤本的好戏。

赤本认为八路军已被消灭得差不多了，便寻思让包森投降。4月26日，赤本和翻译化装后，由一名被捕的八路军战士带路去寻找包森。

包森在村口化装埋伏了六七名侦察员，帮老百姓打土坯。八路军战士经过侦察员身边的时候，使了个眼色。侦察员立即从坝台上跳下，将枪口对准了赤本和翻译。

由于鬼子大队就在后面，众人急忙拖着两个俘虏前行。赤本极不配合，还叽里呱啦地嚷嚷。眼看日本大队快到跟前，战士们在释放了翻译后，从老乡家里找来斧子，对着赤本的脑袋连砍三下，结束了这位侵略者的性命，并草草掩埋。当敌人来到时，几位八路军战士已分散隐蔽了。

赤本被活捉的消息，令日本国内朝野大为震惊，立即组织了“赤本营救委员会”，派出大批日伪军在遵化“扫荡”一个月之久，终未得到赤本的音讯。

不过据河北省遵化党史办公室考证，赤本是日本天皇裕仁表弟一说，是当时被活捉的翻译对马兰田等人讲的，后来汇报给上级。有旅日华人学者曾查阅日方档案，未见赤本三尼的有关记载。关于赤本是日本天皇裕仁表弟之说有待进一步考证。

被冷枪击中不幸牺牲

“赤本事件”后，包森在兴隆东南一带，将只有四五十人的小部队壮大到二百多人，同时号召群众参加抗战。

随后，包森又率领部队挺进盘山，开辟盘山抗日根据地。他先后和日军、伪军进行了多次战斗，以弱胜强，牢牢占据盘山。

就在和日伪“治安军”交战大获全胜后不久，包森率一、三营奔向长城以北去打敌军，1942年2月17日在遵化野瓠山与日伪军遭遇。

时任包森警卫员的高大章回忆说：“我一直跟着包司令，他牺牲时我正和他在一

起。包森指挥我们赶紧上野瓠山，居高临下阻击敌人。”高大章说，他们把敌人打下山不久，突然敌人一方的枪声停了，战场一片寂静。

大家都很纳闷，于是包森登上一块岩石用望远镜观察敌情。悲剧随之发生，一发流弹从包森的左侧胸口打入，从右肋穿出。“让营长苏然指挥战斗。”包森交代完这句话后，就瘫倒在贾子华怀里。在抬包森下山时，他已经牺牲了。

（本文发表于 2015 年 6 月，选自《新京报》）

“于德海”原型——于得水战斗在胶东

文／苏振兰

于得水是《苦菜花》中于德海团长的原型，他 1906 年 5 月 22 日出生在山东文登（今文登市）于家村一个贫苦农民家庭。在战火纷飞的年代，于得水这个名字，在胶东大地上家喻户晓。他为革命出生入死，曾七次负重伤，十三次受到上级嘉奖。他组织和带领部队开辟了胶东第一个抗日根据地，为抗战胜利作出过很大的贡献。

以三十人的游击队抗击敌人一个师

1933 年春天，于得水加入了中国共产党，拉起十多人的革命武装。1935 年 11 月，中共胶东特委在文登、荣成、海阳、牟平等地领导发动了一次大规模的农民武装暴动，暴动指挥部设在昆嵛山，参加暴动的共有三百多人，番号为“中国工农红军胶东游击队”，于得水担任东路一大队（特务大队）大队长。因暴动发生在农历十一月初四，所以被称作“一一·四暴动”。暴动中，于得水领导的东路一大队是主力，他带着九个红军游击队员乔扮成打官司的人进入人和（村名）镇公所，一举缴获其全部枪支，并在鹊岛盐务局缴获长枪五十六支。但是，终因人数和武器装备悬殊，又缺乏战斗经验，暴动最终失败。

暴动失败后，于得水被迫率领仅存的三十多人撤入昆嵛山。

抗战时期的于得水

昆嵛山位于胶东半岛东端，其深处的“老蜂窝”是一个四面皆有出口、貌似蜂窝的山洞，洞中虽然狭小却可以为于得水的昆嵛山红军游击队提供良好的隐蔽场所。从山下到“老蜂窝”有十多公里的路程，而且当年几乎没有路可走。他们渴了喝泉水，饿了就吃当地百姓送来的烙饼、地瓜干。于得水常常乔装打扮，冒着生命危险，慰问烈属、联络同志、营救战友、指挥游击队员在昆嵛山上放火，放“石炮”，引诱敌人“剿山”，牵着敌人的鼻子转山头，消耗敌军。敌人“剿山”，他就率领队伍下平原，进海汉，夜间袭扰敌军；敌人回窜平原，他们又转移上山。遇上小股敌人，就猛冲狠打，搞得敌人惶恐不安。1936 年 6 月，于得水率领部分战士夜袭昆嵛山东界石村“联庄会”，缴获长短枪二十余支、子弹两千余发。1937 年春，于得水带领二十多名游击队员消灭敌垒子盐务局盐警部队，缴获长短枪二十余支。虽然敌人整整一个师驻扎在昆嵛山，但在一年多的时间里，于得水率领这支只有三十余人、二十余支枪的红军游击队屹立不倒，成为当时与刘志丹领导的陕甘游击队齐名的我国北方仅有的两支红军武装。

一个月连破两座县城

1937 年 12 月，根据国共合作抗日的新形势，中共山东省委发出在胶东成立“山东人民抗日救国军第三军”的指示；中共胶东特委研究决定，以昆嵛山红军游击队为基础，先编成第一大队，由于得水担任大队长。

1938 年 2 月初，于得水率领第一大队攻克牟平，活捉了刚到任两天的伪县长宋健吾、伪商会会长常继伍和伪公安局局长等，消灭了伪商团百余人。不久，于得水改任第二大队大队长，率队攻打福山县城，促使国民党福山县县长陈昱反正，接收改编县保安队三百余人，并成立了福山县抗日民主政府。

于得水连破牟平、福山二城，又提出了袭扰驻烟台敌军的计划。他率领部队突然攻占了敌西沙旺警察所，并放了大火。日伪军派出汽车驰援，却怎么也没有想到，竟开进了地雷区，被炸得人仰马翻。

1938 年 9 月 18 日，为贯彻中共中央把“敌后游击战提高到战略地位”的号召，“山东人民抗日救国军第三军”改编为“八路军山东人民抗日游击军第五支队”（下辖四个团），于得水被任命为第六十三团团长。改编后，第六十三团开到黄县、招远边界，主要任务是保护八路军兵工厂和玲珑金矿，保障第五支队的军需物资和经费来源。在这期间，国民党山东第九区行政专员兼保安司令蔡晋康两次组织武装向玲珑金矿进攻。于得水率第六十三团迎头痛击，毙伤国民党军一百余名，俘虏五十多名，给顽军以重创，保卫了玲珑金矿的安全生产。

九祖峰击退日伪军九次冲锋

1939 年 3 月，“八路军山东人民抗日游击军第五支队”改称“八路军山东纵队第五支队”，于得水担任第五支队第十五团团长。是年 7 月 3 日，他率本团设伏于龙（口）招（远）大郝家、大傅家之间，击毁日军汽车三辆，缴获机枪一挺、步枪四十余支，歼敌三十余人。鉴于于得水在胶东抗战中的影响，日军曾公开叫嚣：只要能或毙或俘于得水，日军愿意牺牲一个大队（相当于营）。

1939 年 9 月，第五支队遵照山东纵队命令，进行第二期整训，对所属部队进行第二次整编，将第六十一团一营、第六十二团、第六十三团合编为第十三团。上述三个团分别为第十三团的第一、第二、第三营，于得水担任第三营营长。

1940 年 1 月，于得水带领部队赴山东纵队机关，执行护送山东纵队政委黎玉和押送黄金的任务。返回途中，经过鲁中孙祖镇附近，遇到沂水等五个据点的日伪军“扫荡”。于是，山东纵队司令员徐向前亲率纵队第二支队、特务团和于得水的第三营，在孙祖镇一带设伏，于得水部奉命在九祖峰北坡设伏。3 月 16 日凌晨，日伪军四百余人进入我军伏击圈，先遭第二支队的迎头痛击，日伪军回窜企图攻占九祖峰。于得水指挥部队连续击退日伪军九次冲锋，予敌大量杀伤。此战共毙伤日伪军三百余人，其中日军二百余人。战后徐向前说：“于得水不光会打游击，也能打硬仗。”

消灭“抗八联军”解放昆嵛山区

1940 年 4 月，于得水率第三营出山接护第五支队司令员吴克华和胶东抗大百余名抗日干部返回胶东根据地。13 日 8 时许，抵达临淄的南、北高阳村附近，突遭三百余日伪军的包围。敌人以十二挺轻、重机枪和十五具掷弹筒猛烈射击，并封锁了第三营的出击和突围道路。打惯了山地战的第三营指战员，一时对这场遭遇战有点不适应。于得水有经验，他把部队带进村子，掏开墙壁做枪眼，顽强地和敌人对抗起来。坚持到深夜，于得水率领第三营终于安全地突围。这次于得水接回来的胶东抗大老红军干部有贾若瑜、廖海光、严正、黄经琛、王奎先、官俊亭等。他们到来后，在掖县（今莱州市）三元村正式组建了胶东抗大分校胶东支校。到 1947 年 2 月，该校先后为胶东部队培训干部六千五百余人，为中国革命的胜利作出了贡献。

1940 年 9 月，胶东八路军奉命进行第三期整训，“八路军山东纵队第五支队”改称山东纵队第五旅，于得水调任第五旅第十四团副团长（没有团长），率部由平度返回文登，部队很快发展到两千三百多人，并在南黄集歼灭国民党秦毓堂部征粮队三百余人，收复文登境内的高村、张家埠、登登口、上庄（今属荣成市）等日伪据点，巩固扩大了东海抗日根据地。

在巩固和扩大东海抗日根据地上，于得水是立下大功的：1941 年 1 月 8 日，于得水率第十四团配合兄弟部队向盘踞昆嵛山的国民党“抗八联军”发起进攻，激战三昼夜，解放昆嵛山区，歼敌两千余人，缴获机枪三十余挺、步枪一千五百余支。这次作战中，一战而屈人之兵，使东海地区国民党军队再也不敢造次了。当年 10 月，他因战伤导致身体不适，调任东海公署专员、胶东军区第一军分区副司令员兼任文（登）西行署主任。

（本文发表于 2014 年 10 月，选自《人民政协报》）

寻访几部老电影中的英雄原型

文／关　捷

赵守福:《地雷战》中的“赵虎”

在山东海阳赵疃乡，我见到了赵守福。

老英雄看上去比电影里的赵虎还要高大、魁梧，只是精神里“虎气”已经不多，毕竟已经七十九岁了！他如今耳聋眼花，语言表达也已十分迟钝。我进屋时，他正躺在炕上。听说是来采访地雷战的，老人慢慢地起身，正襟危坐，运足了气力，高声说了句:“打鬼子，我就从来没怕过，就为的是给咱中国人出口气！”这声音，这气概，还是英雄的。

赵守福当年是一只猛虎，一只咆哮着扑向敌群的猛虎。在海阳地雷战中，他出生入死，敢打敢冲，一人就炸死、炸伤敌人一百八十三人，先后六次获得胶东军区授予的“钢枪奖”。军区司令员许世友对他竖起大拇指，连称“好小子”！赵守福的大名威震敌胆，日军四处张贴布告:“活捉赵守福者赏洋一万元，割他的头者赏洋五千……”

提起这些，老英雄朗声大笑，摆摆粗糙的手掌，连说:“不讲自己，不讲自己，我讲讲咱海阳的地雷战！”

在抗日战争中，海阳民兵共作战两千余次，毙伤俘敌一千五百多名，缴获各种武器六百余种，共涌现出县级以上英雄五百多名。赵守福是其中的佼佼者。

中华人民共和国成立后，他被选为第四、第五、第六届全国人大代表，曾十次受到毛主席的接见。1962 年拍摄电影《地雷战》，他积极为摄制组提供材料，给饰演赵虎的演员讲述当年的战斗场面，前前后后跟着忙活了一个多月。

晚年，赵守福时常给青少年讲讲爱国主义课，并为建立“地雷战纪念馆”而奔忙，现在纪念馆终于建成了。

王玉龙:《地道战》中的“高老忠”

北京酒仙桥电子管厂宿舍里，有一位高大、健壮的老人。虽然住进北京城已近四十年，但若系上白毛巾，他仍是个标准的河北农民的形象——朴实、直爽，没有一丝京城老人那种悠然自得的神态，连口音都还是纯粹冀中腔，不带半点京味，只是他的脸没有电影里高老忠那样圆，他是长方脸。

“我叫王玉龙，原先叫王印怀，参加革命后为躲避敌人抓捕才改的。咱冉庄人都叫我‘大炮’，因为我性子直！”他向我“宣告”。

这是一间一居室的房子，老人和老伴住在这里。老伴已经双目失明，饮食起居要靠他照顾，接班当了电子管厂工人的孙女也常常过来帮忙。

“采访我？我已经‘牺牲’了！”老人幽默地这样说，之后又禁不住大笑起来。

“拍电影的时候，导演确实跟我商量过，说是咱们中国这边得牺牲一个，才能增强艺术感染力，说是‘牺牲’村长吧，激起人们对鬼子的仇恨。我说中！这样我就‘牺牲’了！电影还是跟生活不一样的，就是我不姓高，也不是高传宝的父亲。高传宝其实是高振峰、高振福两个人合成的，他们都是我的同龄人。打日军那时，我是村长，高振福是党支部书记，高振峰是民兵队长！”

抗战中，英雄的冉庄民兵先后作战一百五十七次，其中地道战十七次，依托地道进行伏击、追击战斗五十五次，配合地方武装出村作战八十五次，杀敌两千一百余人，为抗日战争作出了重大贡献。作为村长，王玉龙自有不可磨灭的功绩。当年冀中军区吕正操等领导人曾多次嘉奖冉庄民兵。

中华人民共和国成立后，王玉龙任乡长。1957年成立高级社，又任社长。后来因老伴眼睛失明，加之孩子需要照顾，辞去工作。1958年，王玉龙带着老伴、孩子到北京，在酒仙桥电子管厂当工人。做过锅炉工，后来又到食堂工作。当年他的上级领导、区委书记张森林到北京铁路分局任党委书记，张书记曾多次找到他，说根据他的资历和贡献，可考虑给他重新安排工作，王玉龙都谢绝了。他对我说：“我没有文化，横竖不能当官，那容易误事，还是当工人好！”就这样，他一直在食堂工作到离休。

老人已经七十八岁了，每月拿离休金五百多元，他说：“这些钱足够了！”的确，他的生活很简朴，屋里除了那盆剑兰，几乎没有什么带色彩的东西。

“这很好，当初打日本时，不就是为求这样的日子吗？”他大着嗓门说。

老人有时还到郊外挖点野菜，回来和老伴一起吃个新鲜，也品尝品尝乡下的生活气息。前两年，他还常回冉庄，看看那里的父老乡亲，现在不大回去了，腿脚不灵便。但冉庄人一进京，那是一定要来看他们的老村长的。

冯德清:《苦菜花》中的“娟子”

在山东烟台庆安里的胡同里，我寻找冯德清老人的住处，随便问一个中年男子，那人“噢”了一声，自告奋勇地带我去找，边走边对我说:“那真是个好老太太，待人特别好，一点架子都没有。这位老人至今还住在狭窄的平房里，连自来水都没有，老人家每天要提着水桶到五十米外的马路边去打水，再把污水提出去倒在马路边的下水道里。”正走着，迎面走来一位老太太，中年男子对我说她就是“娟子”。

但老人自己却不愿承认。

“我不是娟子，小说、电影那是艺术加工，这你做记者的比我明白。我也没有啥说的，不过你大老远来的，我一句话不说也不好。”

老人有三个儿子、三个女儿，现在和小孙子在一起生活。当我问起老人的生活状况时，她说:“挺好！我虽然工资不高，从 1952 年定级一直到离休从未涨过工资，但比起那些牺牲的同志，我还是很幸福的。”

虽然历经沧桑，但老人家对党的信仰依然如故。“党要建设好，反腐败要搞彻底，这样的话，我们这些老同志就放心了！我们没有什么别的要求！”这是她在谈话中多次强调的。

冯德清老人经常和居委会的老姐妹一起工作，或执勤，或打扫卫生，问她为什么，她这样回答:“我是个老党员了，党叫干啥就干啥呗。一辈子都是这样过来的，老了，没了单位，就听从居委会的呗。”

夏光:《沙家浜》中的“郭建光”

怎么能令人相信呢？当台上的郭建光越来越红的时候，台下的“郭建光”却被越描越黑:“出卖同志的叛徒！”“和胡传魁穿一条裤子。”他甚至连党籍都丢掉了。

直到“文化大革命”结束后，叶飞同志的疾呼才显示出了强大的震撼力:“夏光的案子要尽快平反，不要留尾巴！”

1978 年，中共中央组织部专程到江苏省委甄别夏光的问题，查阅历史档案，访问老同志，结论很快产生，“出卖同志”“与汉奸勾结”的说法均属子虚乌有。

于是，省委、省政府特意在后半山园给夏光盖了座“将军楼”。人们去接他时，他住在一个极小的屋子里，高大瘦削的身影背对着屋门，官复原职的文件并未使他惊喜。他缓缓地转过身来，捧出《新四军苏南东路武装斗争史实纪要》《战斗在阳澄湖畔》的手稿，平静地说:“这是我二十年的工作，请党组织检查！”

前几年，当全国泛滥“公司热”的时候，有人想通过他找关系做买卖，都被他严词拒绝。他有一儿两女，对于他们的成长，他只负责教育，别的都要靠他们自己

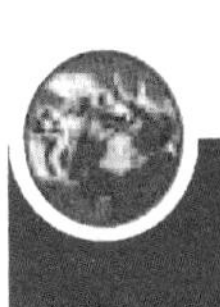

去努力。并且，他有一条特殊的家规，即任何人在外面都不许提他的名字。

我参观了“将军楼”，从一楼到二楼，看不到一点特殊之处，旧沙发、旧衣柜、旧床、旧蚊帐。公家配给的一个空调，老人却从来不开机，理由是“怕浪费国家的电”。

对此，夏光这样解释：“就因为我是党员，我是干部！今天这个江山，我是当初的创建者之一，我不能带头败坏它。”

明德英:《沂蒙颂》中的“红嫂”

几年前，当我走进山东省沂南马牧池乡横河村时，看到的是一个天生聋哑的九十三岁老太太。她就是那位极富传奇色彩的“红嫂”。

就是在这个农家小院，1985 年秋天，一个六十岁的老汉三步并作两步地扑到这个老妇人面前，长跪不起，连声呼唤：“娘！娘！娘！您的儿子来看您来了！”

“儿子”与“母亲”分别了整整四十三年。“母亲”叫明德英，“儿子”叫庄新民。电影《沂蒙颂》讲的就是发生在他们之间的故事。

革命战争胜利后，庄新民随陈毅进驻上海，在上海市军管会做后勤工作。他历尽周折，终于在 1952 年打听到了救命恩人明德英的下落，她还住在横河村。从此，庄新民每月都给他的妈妈寄钱，逢年过节寄礼品，嘘寒问暖，比亲儿子还孝顺。明德英也经常对人家比画，她还有个好儿子在上海，待她好着呢！

“文化大革命”中，有人对庄新民在明德英家里养伤的四十多天，提出了质疑，甚至污蔑他脱队、逃跑。于是，外调人员来到马牧池乡，找到明德英的家，说明了来意。老人家对此指天画地拍胸脯，又用手比量一个小孩的身高，说着说着，眼泪就大颗大颗地落了下来。她的丈夫对来人说：“她的意思是，天地良心，当时庄新民还是个十六岁的小孩子呀，就拼着命打日军，不容易呀！他是个小英雄，你们可不要冤枉他，不要害他呀！”来人也感动了，他们相信了老人家的话，回去如实向上级做了汇报。妈妈再一次救了庄新民的命。

明德英的家，并不是像有些人渲染的那么寒酸，三间红瓦房，围有一人多高的院子，小院显得宽敞平整，又依山傍水，越发衬出清新的气息。这是政府拨款五千元建造的。

汪月霞:《海霞》中的“海霞”

一个傍晚，在浙江省温州市一幢普通的居民楼里，我敲开了汪月霞的家门。

老英雄并不见多少老态，个头不高，微胖，腰板却挺得直直的，黑红的肤色，圆脸，凤眼，烫着齐耳短发，这精神状态极易令人忆起她“飒爽英姿五尺枪”的当年，难怪陪同我的温州市政府老干部项治国由衷感叹：“汪大姐风采不减！”

“别看我是老太婆了，可我还能端起半自动枪打出十环呢！”

环顾这个三室一厅的“厅”，我不禁有一点惊诧。白色的墙皮已呈灰黄并开始剥落，墙裙刷的是二十几年前流行的蓝漆，没有地毯，也没有地板，只有一台小彩电显示着微弱的现代气息。

“我倒并不觉得寒酸！干部的家就一定要豪华，一定要奢侈吗？”汪月霞这样回答我的疑问，“我认为党和人民给我的已经够多了，我从一个贫苦的渔家女，能够成为一个对国家有用的人，是党和人民培养的结果。”

（摘自关捷《寻找英雄》，中国文联出版社，2001 年出版）

马本斋：民族英雄爱国一生

文／吴艳荣

反映抗日英雄马本斋及其母亲白文冠的电影《回族儿女》在沧州首映。马国超为这部影片倾注了大量心血：影片拍摄前后，他亲力亲为，不仅担任影片的总策划、总制片，还参与剧本创作，在剧中饰演角色……他说，参与拍摄《回族儿女》的过程，也是他重温父辈祖辈英雄故事的过程。那是一段艰苦卓绝的岁月，却能激发人的斗志与豪情。“戏里戏外，我常常能感受到父亲仿佛就在我身边。”

马本斋

马本斋，1902年生于献县东辛庄（今献县本斋回族乡本斋村），冀鲁豫军区第三军分区司令员兼回民支队司令员。在抗日战争期间，马本斋领导的以回、汉青年为主力的回民支队，共进行大小战斗八百七十余次，歼灭日伪军三万六千余人，被八路军冀中军区誉为“无攻不克，无坚不摧，打不垮、拖不烂的铁军”，更被毛泽东誉为“百战百胜的回民支队”。

在位于沧州市以西的献县本斋村，有一座白色建筑——马本斋纪念馆。纪念馆里，一座座雕像，一个个老物件，一张张老照片，一幅幅绘画，生动再现了抗日民族英雄马本斋和他领导的回民支队的壮举，把人们重新带到那段硝烟弥漫的抗日战争岁月。

上下求索

骑着马，高举大刀、英姿飒爽的马本斋塑像，矗立在马本斋纪念馆广场中央。“战前动员的时候，他经常是这种英姿。”马本斋纪念馆馆长哈光杰自豪地介绍。

横刀立马，尽显英雄气概。马本斋的经历颇具传奇色彩，“爱国”二字贯穿始终。

他是一个贫民子弟，十一岁时进入私塾读书，但仅仅两年，便因家境贫困辍学。此后不得不在外奔波，放马、打工、当学徒。

“如果按此生活轨迹进行，马本斋或许会成为像他父亲一样勤劳善良的农民。但是内忧外患的中国、动荡的时局都使得这个年轻人开始不那么安分。”哈光杰说。

1921 年，马本斋与一位有着新思想的爱国警察，为了寻求新的生活奔向东北，一起参加了张作霖的奉军。在连年的军阀混战中，他凭借过人的胆识和战功，被破格提拔为团长。之后，蒋介石整编东北军，马本斋又被任命为国民革命军暂编第一军第二十一师第四团团长。其间，马本斋在东北讲武堂接受了正规的军事训练，系统地学习了军事知识。

1929 年至 1930 年这一阶段对于马本斋极为重要。他与部队中的共产党员接触，对共产主义有了认识。在共产党员身上，他看到了一种蓬勃向上的精神，像是在迷惘中找到了一盏指路的明灯。但是后来部队中的共产党员被清洗，马本斋与共产党的联系就此中断。

在别人眼中，马本斋年纪轻轻就当了团长，前途大好。1931 年秋，日军占领了东北大部分地区，国民党不但不抵抗，蒋介石还提出了“攘外必先安内”的反动政策。于是，马本斋做出了一个出人意料的决定：解甲归田。

“既然找不到救国救民的大道，不如回家，自己组织队伍抗日。”临行前，他作的一首七言绝句，道出了迷茫心事：

风云多变山河愁，雁叫霜天又一秋；

空有满腹男儿志，不尽苍浪付东流。

沧州是有名的武术之乡。马本斋回到故乡以后，以练武术为名，把全村一百多名回族青年组织起来，讲抗日的道理，并进行军事训练。1937 年，日本发动卢沟桥事变，大举进犯，平津相继陷落。为确保天津—衡水这条水上交通命脉，日军不断侵袭沿河村庄，多次闯入马本斋的家乡东辛庄杀人放火。

“咱们堂堂的中华民族凭什么让小日本欺侮！乡亲们，要活下去，就得抱起团儿来打日本人！愿意跟我马本斋拉队伍的，快报名登记。”日军的暴行激起了马本斋满腔怒火，他站在高台上大声疾呼。平时经过训练的一百多名回族青年站在了他的旗下。他们拿着土枪、土炮、大刀、长矛，与日军展开殊死的搏杀。

纪念馆内，一幅“回民抗日义勇队训练”的照片，再现了队伍刚刚成立时的情形。这就是马本斋率领的抗日民族武装的雏形。之后，马本斋主动率部参加了八路军。1938 年，他光荣地加入了中国共产党。1942 年，任八路军冀鲁豫军区第三军分区司令兼回民支队司令。

马本斋作战神出鬼没，机动灵活。1937 年至 1944 年，马本斋率领回民支队，不惧牺牲，浴血作战，奋勇杀敌，经历大小战斗八百七十余次，歼灭日伪军三万六千余人，在广阔的冀中平原和冀鲁豫边区，所向披靡，屡建战功，打得日本侵略者闻风丧胆。

百战百胜

在纪念馆内有一幅特殊的照片，拍摄的是位于深泽县城的回民支队烈士纪念碑。“你能想到，这个纪念碑最初是由日本人立的吗？”陪同笔者采访的赵文岭一句话，引起了笔者的好奇。

赵文岭，献县农民摄影家，是马本斋的“铁杆粉丝”，从 1990 年起就开始研究马本斋和他领导的回民支队的事迹。二十五年来，他分别深入到马本斋当年战斗过的地方拍摄遗址真景，寻访当年的见证者以及马将军的遗物。马本斋纪念馆内的不少照片、实物都出自他手。他对每幅照片、每件展品背后的故事也都了然于心，是马本斋纪念馆名副其实的“编外馆员”。

据赵文岭介绍，作为冀中军区一支重要的抗日武装力量，马本斋率领的回民支队不但用自己的血肉之躯赢得一场场战斗的胜利，甚至还赢得了敌人的尊重。1940 年 11 月初，回民支队同日军在石家庄深泽县展开激烈战斗，日军后来派兵增援，用飞机进行扫射。回民支队血战四昼夜，两度攻入城内，使敌人弹尽粮绝。当回民支队完成任务并撤出阵地后，日军把回民支队阵亡战士的尸体埋于东门外，竖了一块木板，上书“回民支队战死者之墓”，以表达对回民支队英勇战斗精神的敬畏。后来，在此基础上，经过我方重修，才有了现在的墓碑。

马本斋究竟用什么样的战术，竟然打得敌人又怕又敬？一幅幅经典战役图片背后的故事，给出了答案。

1940 年 5 月，康庄战斗“引蛇出洞、围点打援”，是马本斋率领的回民支队最经典的一次战斗。

康庄位于石（河北石家庄）德（山东德州）铁路沿线以南，是当时的衡水县城和日军安家村据点之间的必经之地。在这次战斗中，马本斋利用康庄公路高、战壕深的地理优势，采取“引蛇出洞、围点打援”的战术。1940 年 5 月 30 日凌晨，马本斋命令部队开始佯攻安家村据点，据点里面的日伪军以为是我们的主力部队，赶紧向衡水的主力部队求援。衡水的敌人知道情况危急，紧急集合主力部队前去增援。当日方部队进入康庄西侧公路最高、战壕最深的那一段时，回民支队指挥员一声令下，伏兵四起。暴露在公路上的敌人没有掩体，只好往战壕里跳，但跳到战壕里的敌人失去了作战能力，很快就被回民支队歼灭了。

“不到四十分钟，一次性歼灭敌人二百多人，我方无一伤亡。这创造了当时八路军在平原作战零死亡的纪录。聂荣臻曾表示，这次战役不仅是回民支队的光荣，也是冀中军区八路军的光荣。”赵文岭绘声绘色的讲述中，充满敬佩。

康庄战役后打扫战场时，马本斋叫人把日军军服脱下来，大家都不知道要做什么。过了几天，这些军服便派上了用场——回民支队化装成日军奇袭榆科，当场击毙了二十多个伪军。这是回民支队进入深南地区又一次打得漂亮的战斗。

马本斋打起仗来不主张力拼，善用巧劲，每次战斗都准备得很充分，还发明了不少特别的“战法”。当年在攻克一个鬼子据点时，马本斋让战士顶着八仙桌，上面用多层湿棉被覆盖，前往敌碉堡安放炸药。这种“土坦克”让守碉堡的日军大为惊骇，密集射击也无济于事，只好举手投降。

“牛刀子钻心”的故事更是广为流传

1943 年 11 月 16 日，回民支队参加了冀鲁豫军区组织开展的反“蚕食”斗争的首次战斗，攻克伪军第二方面军孙良诚总部八公桥。组织领导这次战役的马本斋，提出“牛刀子钻心”战术，即首先集中优势兵力，挖掉敌人总部八公桥，回过头来再清扫外围据点。此战毙伤敌数百名，俘伪军二方面军参谋长、特务团长以下官兵一千六百多名。

战后，冀鲁豫军区党委书记黄敬赞扬马本斋是“后起的天才军事家”。杨得志司令员指出：“奇袭八公桥是摆脱被动，力争主动，破其一点，牵动全局的一着好棋！”

马本斋英勇善战，大有“谈笑间，樯橹灰飞烟灭”的风采。冀中军区第三次政治工作会议授予回民支队一面锦旗：“无攻不克，无坚不摧，打不烂、拖不垮的铁军”。毛泽东同志亲笔题词“百战百胜的回民支队”。

“回民支队为什么能打胜仗？这离不开共产党的领导，也离不开人民群众的支持。”赵文岭说，“1942 年回民支队转战山东时，山东莘县遭遇几十年少有的旱情。为了帮助救灾，回民支队主动拿出自己并不富裕的军费帮助百姓从省外运送粮食。”

“回民支队的爱民举动赢得了冀鲁豫地区人民群众的支持，老百姓或纳军鞋、筹军粮，或传情报、掩护子弟兵，或送亲人参军参战，用各种方式支援回民支队。有了老百姓的支持，队员们就无后顾之忧，从而全心打日军了。”赵文岭感慨地说道。

母子英雄

马本斋纪念馆广场东西两侧有两个湖，分别是马母湖和本斋湖，合称母子湖。一条小河由本斋湖流出，环绕广场一周，最后流入马母湖。一条小路围绕在母子湖旁边，一座小桥将母子血脉相连。这样一幅场景就像一个不愿离开母亲的孩子，依偎在母亲的身边。

是啊，有哪个孩子不愿依偎在母亲的身旁，又有哪个母亲舍得离孩子而去？但为了民族大义，马本斋的母亲白文冠就毅然选择了牺牲自己。

1941 年 7 月以后，马本斋率回民支队到河间一带战斗，与日军驻河间联队长山本展开了激烈斗争。几番交手，山本连连失利。黔驴技穷的山本，采纳叛徒的毒计，将马本斋的母亲白文冠抓到河间宪兵队，用种种手段，逼迫马母给马本斋写劝降信。但是，深明大义的马母宁死不屈、义正词严地拒绝敌人：“我是中国人，我儿子当八路军是我让他去的。劝降？那是妄想！”此后，马母绝食七天，以身殉国。

“人活，要活得有脸有面；人死，要死得像模像样！胜败不在生死，比的是谁的骨气更刚强。”这是马母在狱中对马本斋的嘱托。

马母白文冠识文达理，善良贤惠。她有三个儿子，马本斋排行老二。孩子们从小就听她讲述“岳母刺字”的故事，也为日后走上革命道路打下基础。抗日战争全面爆发后，她积极支持三个儿子拉起队伍，抗击日本侵略军，是英雄背后的一位伟大女性。

“纪念馆内‘英雄母亲’这个板块，是最令参观者动容的。”哈光杰介绍。

纪念馆实物展出了一辆押送马母的木制小推车，是马母报国捐躯的见证。用这辆小推车，敌人将马母押到臧桥据点，之后押送到河间宪兵队。在这个老物件前，前来参观的人们常常驻足良久，感慨不已。

马本斋拿到母亲的遗物——一个已断成两段的玉镯时，痛哭失声。回民支队战士纷纷请战，要为马母报仇。马本斋沉痛地劝说战友们：“以大局为重，不要中敌人的圈套。”他向母亲立下誓言：“伟大母亲，虽死犹生；儿承母志，继续斗争！”

从此，马本斋把那两段玉镯带在身上，更加勇猛地杀敌。他率部在冀鲁豫平原上与日军进行大小数百次战斗，并在鲁西北一带开辟了新的抗日游击区，为粉碎日军“扫荡”、巩固抗日政权作出了突出的贡献。

与马本斋纪念馆一路之隔的是马本斋母子烈士陵园。陵园内，苍松滴翠，草木葱茏。院中央高大的汉白玉纪念碑直插云霄，正反面镌刻着毛泽东主席与朱德总司令的题词。

哈光杰介绍，马母牺牲时六十八岁，马本斋去世时四十二岁，“110”正是母子二人岁数之和，因此纪念碑高度取一百一十分米。纪念碑基座高九百一十八毫米，碑座高八百一十五毫米，两个数字是日军侵华和投降的日子。纪念碑碑基周围地面用红色石材铺设成圆形路面，院子南头是月牙状花坛，烈士母子的墓就位于“圆”和“月牙”中间，这象征着英雄母子与日月同辉。

精神不死

马本斋一生最大的愿望，就是见到毛主席、朱总司令。然而，就在这夙愿即将实现的时候，病魔却悄悄向他袭来。

枪林弹雨中，马本斋不怕牺牲、奋勇杀敌，只为早一天迎接胜利的曙光。然而，他最终没能等到日军投降的那一刻。

1943 年，国民党胡宗南部集结了几十万大军进逼延安。冀鲁豫军区司令员杨得志率军区主力急赴陕北，保卫延安。此时，马本斋却不得不与他的队友们挥手告别：“你们先走吧，我会跟上你们的……见到毛主席、朱总司令，千万要转达我的问候。”

他不是不愿走，而是病倒了。

战士们哪里知道，接到保卫延安、保卫党中央、保卫毛主席的命令时，马本斋曾激动得彻夜难眠。然而，就在部队准备出发的时候，马本斋的颈椎部却生了毒疮（对口疮），由于缺医少药，病情迅速恶化，转至濮阳小屯村冀鲁豫军区后方医院抢救。后来，他又得了急性肺炎，体温高达四十度，时常处于昏迷状态。

带着遗憾，带着向往，1944 年 2 月 7 日，马本斋终因不治，赍志而殁。临终前，马本斋看着母亲留下的玉镯，泪流满面：“娘，儿子来陪你了。”

1944 年 3 月 17 日，延安各界隆重举行马本斋追悼大会。毛泽东、周恩来、朱德等中央领导赠送了挽词和挽联。毛泽东题写的挽词是“马本斋同志不死”；朱德赠送的挽联是“壮志难移汉回各族模范　大节不死母子两代英雄”；周恩来赠送的挽词是“民族英雄　吾党战士”。

1953 年，为纪念抗日民族英雄马本斋，东辛庄被正式命名为本斋村，乡政府也设在该村，更名为本斋回族乡。1954 年，马本斋的遗体迁至石家庄市华北军区烈士陵园安葬。

马本斋同志不死！的确，他虽然倒下了，但是留给回民支队、留给全中国人民的英雄精神永远无法磨灭……

在父亲铜像前

我把耳朵贴近铜像

听见父亲均匀的呼吸

父亲将安危托付给我

我给祖国每天恬静的黎明

这是马国超少将为自己和父亲铜像合影而作的小诗，更是他内心情感的真实表达。近日，记者采访马国超时，七十六岁的他拿着与父亲铜像的合影，仍激动不已。尽管1944年马本斋去世时，马国超只有五岁，但他始终感觉“七十多年来，父亲从未远离”。

马国超至今仍记得，1944年2月初，他跟着母亲和姐姐去看望病重的父亲。父亲躺在床上，半侧着身子，拉着他的手说：“爸爸那天教给你写的那两个字会写了吗？”

“会了！”马国超说着，拿起放在床边的铅笔和纸，歪歪扭扭写了“中国”两个字。

马本斋满意地微笑说：“孩子，记住，咱们的祖国就叫中国，你们长大后，要爱中国……”

父亲的临终嘱托成为马国超整个人生的坚强信念。

马国超六岁时去了延安。中华人民共和国成立初期，他与毛泽东的女儿李敏一起就读于八一小学。1959年高中毕业，成绩优异的他听从母亲的教导从军，被保送到解放军测绘学院海军系。看着英武健朗的儿子，母亲语重心长：“孩子，要做一名出色的战士！”

军事学院毕业后，马国超被分配到北海舰队海测大队，从此开始了风里来浪里去的海军生涯。在海测大队政治处文化干事的岗位上，他一干就是十七年。有人劝他去拜访一下当年他父亲的领导和战友，走走关系，但他坚信在“进步”这个问题上，应当服从组织的需要，依靠真才实学。

改革开放后，军队实行干部年轻化、知识化、革命化，马国超脱颖而出，被提拔为海军政治部群工部副部长，一年以后被提升为部长……直至被授予少将军衔。多年以来，中国海军已有一百多艘水面战斗舰艇以城市命名，最早提出“流动的国土”、倡议以城市命名舰艇、与城市军民共建，正是马国超的“原创”。

“革命人永远是年轻”，是大家对马国超的共同评价。说话温和，动作儒雅，思维敏捷，马国超看上去比实际年龄要年轻很多，这或许与他长期爱好文艺有关。马国超从小就爱好文艺，喜欢欣赏、收集和临摹好的书画作品。“这些爱好很大程度上来自父亲的遗传。”他说。

他常听母亲讲，父亲马本斋每当凯旋之时，都会带领回民支队剧社的演员进行演出。在京剧《王佐断臂》中扮演王佐是父亲的最爱。父亲有着广泛的爱好，除了京剧之外，还有书法，他用毛笔小楷记载战斗、生活以及思想过程。很遗憾，因为当时战争环境恶劣，这些战斗日记、札记没有完整地保留下来。

军旅生涯中，业余文学创作始终伴随着马国超。他先后出版过长篇传记文学《马本斋将军》，电视剧剧本《青年闯天下》，长篇叙事诗《青松长翠》，诗集《心泉》《杏花雨》《海之恋》等，共五百多万字的作品，还拍摄电影、电视剧等。马国超从来不搞签名售书活动，却举办过个人书画精品义卖活动，筹得的款项，全部捐给了贫困儿童。

（本文选自河北新闻网）

抗日英烈李世超

——《夜幕下的哈尔滨》人物原型

文／徐庆林　赵卓丹

李世超，原名李云山，又名李恩顺、李英超、吴德禄，1904年出生在吉林伊通一个地主家庭。五四运动时期，他在吉林省立（长春）第二师范学校（简称“长春二师”）读书，有幸阅读《新青年》等进步书刊，开始接触先进思想和新文化，对国弱民穷的旧中国产生厌恶情绪，立志做一个利国利民的有为青年。

李世超

李世超于长春二师毕业后，回到家乡伊通执教，后任县立第十二小学校长。这期间，他的父母相继去世，他已娶妻成家立业。时值北伐战争节节胜利，大革命风暴席卷南方各省，反动军阀政府行将崩溃。1927年4月12日，由于蒋介石发动反革命政变，新的军阀战争又不断发生，各地军阀横征暴敛，穷兵黩武，造成兵灾匪患、饥荒，广大人民群众处于水深火热之中。李世超不满军阀的反动政策，弃职离家，到北京考入朝阳大学法律系读书。学习期间，他在中共地下组织的宣传影响和进步青年帮助下，摆脱了苦闷，思想进步很大，参加了党的外围组织革命互济会，阅读马列著作和进步报刊，初步确立了民主革命思想。

大学毕业之前，李世超在家乡的妻子抛下幼女病故。他写信给妹妹，要她照顾自己的女儿小英子，“爹娘留下的土地、房产，全部给你做陪嫁，我要自食其力”。李世超的再婚妻子石正芳，生长于北京西城区的官宦之家，颇有些产业和财产。他们的结合，李世超是以“不入赘”“不寄人篱下”为先决条件的，这足以证明他同封建家庭决裂的决心。李世超大学毕业后，为履行“自食其力”的诺言，应在河北省某县当县长的同窗的邀请，任该县帮审。旧中国贪官污吏比比皆是。工作一段时间后，李世超发现这位县官朋友也是为虎作伥、搜刮民财的势利小人。他厌倦了仕途，愤然辞职离去。

失业后的李世超，决心不再与贪官污吏为伍，用所学的知识报效家乡父老。1931 年夏，他偕妻子石正芳回到东北，应聘到吉林省立（长春）第二中学任教。秋季开学不久，便发生了九一八事变，日本帝国主义侵占了东三省。学校关闭，师生流亡。面对山河破碎、满目疮痍的故土，李世超痛心疾首：自己是一介书生，何以救国？他从揭竿而起的反日义勇军、抗日游击队的斗争精神中看到了希望。1932 年初，李世超应同乡、时任吉林省立女子师范学校校长的李静肃女士的邀请，到吉林女师任国文教员，决心以教员身份为掩护，进行抗日救国活动。

李世超个子高，稍有驼背，戴一副高度近视眼镜，经常穿件长衫，每天除上课外，话语不多。从外表看，是位因循守旧的老学究。女师学生看他呆头呆脑的样子，都取笑他，背地里叫他“大傻瓜”。时间长了，“大傻瓜”的绰号便在学校传开了。然而，李世超却从不计较这些细枝末节的小事，而是把它当作隐蔽自己的斗争策略。后来，他曾对中共吉林党组织负责人说：“革命者做地下工作，同敌人不能明争，只能暗斗。在强敌面前我们不能摆出一副革命者的架子和面孔，必须善于隐蔽和保护自己。只要对革命工作有利，我情愿当‘傻瓜’，个人吃点亏算什么呢？”李世超知识渊博，讲话生动、幽默，常在课堂上讲古论今，穿插岳飞、文天祥、史可法等英雄的故事，逐渐扭转了女师学生对他的看法，学生们开始主动找他解答学习中的疑难问题。通过接触、观察，李世超把学生分成三类，思想激进的、平庸的和保守落后的。因此，他同学生谈话，则选择不同的内容和方式。对思想进步的学生，多讲革命理论问题和抗日斗争形势，激发学生的爱国热情，培养积极分子。

李世超的言行引起中共吉林地下组织的注意。经人引荐，李世超同吉林地下组织负责人李维民相见。二人一见如故，成为志同道合的挚友。1932 年秋，经李维民介绍，李世超加入中国共产党。从此，他通过学习党的文件，斗争目标更加明确，抗日救国的斗争意志更加坚定。党组织交给他的第一个任务，是起草一篇形势宣传提纲。他在文中揭露因国民党的不抵抗主义丧失了东三省的大好河山的现实局面，并一针见血地指出：日本帝国主义侵占东三省，绝不是最终目的，它的狼子野心是

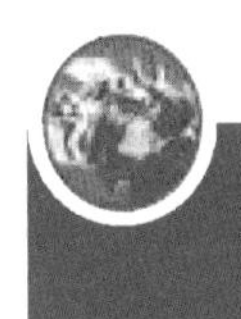

妄图灭亡中国。提纲还宣传党的抗日主张，呼吁人民群众团结起来，行动起来，积极进行抗日救国斗争。提纲完全符合党的斗争方针、政策，击中敌人要害。后以中共吉林支部的名义印刷，并广泛散发。接着，党组织分配李世超负责革命互济会工作。他借助当教员的便利条件，广泛联系师生群众，团结爱国进步青年，吸收他们参加组织和活动，然后把经过斗争考验的优秀青年，输送给党、团组织。由于他的出色工作，革命互济会组织得到很大发展，同时他也进一步赢得广大学生对他的敬重和信赖。不仅女师学生，就连吉林一中、吉林一师的爱国学生，也都慕名来访，向他请教唯物辩证法和政治经济学上的难题，探寻抗日斗争形势和国家命运问题。

1932 年 11 月上旬，中共满洲省委代理军委书记杨靖宇（化名张贯一）来吉林巡视工作，他在给省委的报告中说，鉴于吉林党、团组织半年来发展很快，建议省委将吉林支部改为吉林特别支部，直属省委领导。同时，将吉林团支部改为团的特别支部。省委同意杨靖宇的建议，很快派巡视员张弓到吉林帮助工作，全面考察了吉林党、团组织状况。李世超在总结发展组织的经验时说："发展组织要像铁匠打铁一样，要紧拉风箱勤烧火，等到火候够了再下榔头。火候不够，下榔头早了，就不易成材，你想打把快刀，结果反倒是钝的。"

李世超虽然是新党员，但是，他却积累了丰富的地下工作经验，具有很强的组织才能，工作讲究方式方法，遵守秘密工作纪律和原则，得到党员、团员的信赖、拥护和上级的赞誉、信任。他是吉林党员中的"优秀同志"，"对党对人民极其忠诚"，"不但行动无产阶级化，思想也没有小资产阶级的劣根性"。1933 年 3 月，满洲省委巡视员张弓再次来吉林，主持改组了吉林特支，指定李世超担任特支书记。从此，他更加尽心竭力工作，秘密召开党、团特支委员联席会议，学习党的文件，整顿思想作风，强调组织纪律，纠正懒散、自由主义的毛病等等。他部署斗争任务，根据省委指示，动员党员、团员和爱国人士为磐石游击队募捐，购买药物和生活用品。4 月，由党员、团员组成慰问组，将募集的物资，通过吉（林）海（龙）铁路秘密交通员的掩护，安全送到磐石中心县委和游击队所在玻璃河套的根据地。当时满洲省委工作受王明"左"倾路线的影响，存在严重的"左"倾盲动主义倾向，不切实际地要求所有党组织一律执行"红五月"活动方案。因此，吉林特支决定 5 月 6 日（星期六）晚 8 点，党员、团员和积极分子统一行动，上街贴、撒抗日的标语、传单。在李世超的组织和省委巡视员的指导下，整个准备工作尽管很严密，但仍有特支委员金景撒传单时被警察逮捕。金景在宪兵队受审时，未等敌人用刑，只是威吓几句，就供出了所知道的一切组织机密。

5月7日清晨，李世超得知金景被捕，又见日伪宪兵、警察到学校抓人，立刻意识到形势的严重性。他不顾个人安危，同敌人抢时间，把突然的变故告诉尚未知情的同志，通知他们马上转移隐蔽，尽可能减少一些损失。他先到特支委员关芝忱家（他们夫妻都是党员），又匆忙赶到省委巡视员张弓的住处，简单说明情况后，到了同乡宋慎德家。宋慎德是永吉县中学教员，是李世超培养发展的共产党员，同他单线联系，金景不知内情。李世超要求宋慎德暂停活动，提高警惕，注意隐蔽，待形势好转时由他负责联络未暴露的党员，重新恢复吉林党组织。最后，李世超在宋慎德家换了服装化了装，北上哈尔滨，把吉林党团组织遭到破坏的原因、损失情况及其经验教训向省委做了报告，请求组织审查分配工作。

省委派李世超负责哈尔滨革命互济会和反日会工作，指示他到码头工人中开展工作，发展会员。李世超换上一套粗布衣裤，背着一个小行李卷，来到道外街靠近松花江边的小客店投宿。他驼背，满脸络腮胡须，看似有五十多岁。店簿上登记的名字叫吴德禄，职业是私塾先生，因家乡闹土匪、灾荒，流落到哈尔滨谋生。除行李外，他还从旧货市场买了一部古书、一方墨盒和几支毛笔。这家客店简陋，店费便宜，住店的多是码头工人。

李世超白天在附近溜达，熟悉环境，把警察经常出现的地方记在心里，晚上回到小客店里同工人谈活计，唠家常，了解他们的家庭、身世和生活情况，经常替工人写家信，解答他们提出的各式各样的问题。同工人熟悉以后，晚上就给工人讲《三国》《水浒》和《说岳全传》等，启发他们的爱国思想，培养抗御外侮的民族意识。有位工人患了霍乱，上吐下泻，无钱医治，李世超不嫌脏，不怕传染，用偏方给予治疗，用两个铜钱蘸盐水刮背，使这个工人脱离了危险，病也逐渐好了。工人千恩万谢，说吴先生救了他的命，其他工人也深受感动，说读过书的吴先生瞧得起穷工人，够朋友。李世超取得了工人的信任和尊敬，便进一步做工人的思想工作，向他们宣传抗日救国主张，讲工人、农民和爱国士兵团结起来，推翻旧社会的革命道理，把政治品质好的工人发展为革命互济会员，带领他们参加反日群众活动。李世超做群众工作有经验，取得很大成绩，受到省委的表扬。省委又派他到道里做伪警察的工作，他吸收了二十多名伪警察参加反日会。这些伪警察会员在掩护党的活动方面，发挥了特殊的作用。

1933年秋，省委决定让李世超负责交通和文件发行工作。他的爱人石正芳在北京为母亲守丧后，变卖了祖上遗产，带着两个孩子、钱款和一些金银首饰，来到哈尔滨同李世超团聚。他们以家庭为掩护，更便于文件的印刷、分发。石正芳理解、支持丈夫的工作，在李世超的影响下，她已不是原来的贵族小姐，而是锻炼成长为一名出色的秘密交通员。1934 年 4 月，团省委书记刘明佛被捕叛变，省委考虑到秘书长冯仲云的安全，调他到珠河中心县委工作，决定让李世超代理省委秘书长，负责省委秘书处工作。他把家搬到马家沟洁静街一处较偏僻的房子，这里也是秘书处机关。每周中央或省委都要制发文件，李世超利用夜间刻钢板，油印出来，让石正芳化名大贞、达征，同其他交通员分送到各处接头点，再由外勤交通员传递到外地党的组织。有时，李世超还让仅八九岁的女儿小英子传送文件、消息。每逢交通员忙不过来，又有急件必须马上送出的时候，李世超就给女儿的小胳膊上涂满红药水，用纱布把文件缠在“受伤”的胳膊上，让她先到街心公园玩一会儿，瞅准了没有“坏蛋”的时候，再穿过马路，把文件送到指定的地点。

当时省委的经费异常困难，李世超动员石正芳，从她的存款里拿出三千元，单立存折供组织使用。后来，不管何时用钱，石正芳都慷慨解囊。李世超幽默地说：“你这是有钱出钱，有力出力，对革命的一点贡献嘛！”

1935 年，省委代理书记杨光华离任之前，将在省委机关工作时间较长的同志，分别派往游击区或外地工作。李世超被派到安东（丹东）负责党的工作。1936 年 2 月，安东地下党组织遭敌人破坏，由于坏人告密，李世超被捕入狱。他在敌人的严刑拷问、利禄引诱下，凛然正气，坚贞不屈，经受住了最后的考验。同年 8 月被敌人秘密杀害，时年三十二岁。

李世超的一生，充分体现了共产党人富贵不能淫、贫贱不能移、威武不能屈的高尚情操。中华人民共和国成立后，民政部追认李世超为革命烈士。

（本文选自中国军网）

芦苇荡里的雁翎英雄赵波：小兵“张嘎”的原型就是他

文／武元晋　张圣涛　何孝林

“雁翎队，是神兵，来无影，去无踪。汉奸心里直打战，鬼子跺脚喊头疼……”在烟波浩渺、苇荡丛生的白洋淀，代代传唱着这首描述雁翎队抗日传奇的歌谣。至今白洋淀上的船工说起雁翎队和雁翎英雄赵波的故事，仍是如数家珍，“赵波是俺们安新县赵北口赵庄子人，1939 年参加了冀中第九分区白洋淀雁翎队，当过战士、侦察员、分队长、大队长，后来到冀中纵队三十八团七连当了连长。”船工竖起大拇指，“他是雁翎队的‘水上飞将军’。”

2007 年，八十六岁的赵波过世。6 月，在白洋淀里的芦苇最为茂盛的时节，笔者来到白洋淀抗日战争纪念馆，聆听六十四岁的馆长王木头讲述岳父赵波的故事。

小兵“张嘎”的原型就是他

“你们一定知道小兵张嘎吧，我的岳父赵波就是他的原型。”王木头的讲述就从赵波与小兵张嘎的结缘展开。

雁翎英雄赵波

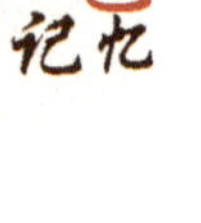

1958 年，作家徐光耀在保定农场劳动期间，经当地渔民介绍认识了赵波。在前前后后半年多的时间里，他听赵波讲了许多亲身经历：儿时淘气，上树掏鸟蛋；参加雁翎队后，利用打鱼、打猎的本事去端日军炮楼、打日军的

赵波应邀赴京参加全国英模会，三军仪仗队迎接老英雄

包运船队……1961年，徐光耀的中篇小说《小兵张嘎》发表在《河北文学》上，1963年被搬上银幕，成为几代人记忆中的红色经典。

嘎子的身上，处处有着赵波的影子。嘎子最惊险的事迹是“单身诱敌”，赵波也有同样的经历。1940年夏天，日军装备了汽船，倚仗着速度快、火力猛，在白洋淀烧杀抢掠、无恶不作。这天下午，太阳快落山了，敌人驾驶着汽船正气势汹汹地在河道上巡逻，赵波划着一只小船出现在敌人视野里。敌人立即加足马力向他冲来，赵波不慌不忙，端起枪迎着驶来的汽船连扣扳机，两个敌人应声栽入水中。敌人的机枪顿时响起来，只见小船拐过河汊不见了踪影。气急败坏的敌人跟着开进河汊搜寻，赵波边打边退把敌人引进了“埋伏圈”。

“谁是小嘎子并不重要。”岳父赵波生前曾告诉王木头，“小嘎子反映了一个时代的英雄形象，他所代表的是我们民族的精神。”

四十分钟歼灭一百多个日伪军

白洋淀是中国海河平原上最大的湖泊，水域面积三百六十六平方公里，汇集了上游自太行山麓发源的九条河流之水，形成一片由三千七百多条沟渠、河道连接的一百四十六个大小湖泊群。湖泊群中的岛屿和湖畔分布有三十六个村庄、十二万亩芦苇。

“这得天独厚的地形正是杀敌的好战场。”王木头说，“鬼子来了，这些祖祖辈辈生活在淀子里、不甘心做亡国奴的人，拿起打鸟的猎枪、打鱼的鱼叉、插着雁翎防止火药打湿的大抬杆土炮，组成雁翎队和鬼子干上了。”

“我岳父那时被鬼子称为‘鬼难拿’，悬赏捉拿他的布告贴遍了敌占区的大街小巷：捉拿住赵波，要官给中队长，要钱给两千块大洋。”“鬼子为啥这么怕他？”王木头给我们讲起赵波与雁翎队痛打包运船切断敌人水上运输线的故事。

1943年10月1日，天津日军用一百多只货船满载军火，沿大清河运到白洋淀赵北口码头，准备运往保定。为了截获这批军火，赵波在群众帮助下混进赵北口，冒充装卸工上了码头，把敌人的情况摸得一清二楚。10 月 3 日凌晨，雁翎队根据赵波提供的情况，埋伏在王家寨东边的横堰苇塘。战斗打响后，赵波和突击组如离弦之箭朝第一只敌船冲去。这次伏击战不到四十分钟就胜利结束，敌防河大队一百三十多个日伪军被全歼，还缴获轻、重机枪各一挺、步枪一百一十支、手枪十支、手榴弹八千多枚、大批粮食和其他军用物资。年底，赵波被冀中军区第九军分区授予“民兵抗日英雄”称号。

与毛主席合影的神枪手

“猎枪打雁神枪手，抬杆专打鬼子兵。”这是《白洋淀渔歌》中的一句歌词，这首歌不仅写出了雁翎队打日军、端岗楼的英勇事迹，也展现了他们精准的枪法，而赵波的枪法尤其了得。

王木头回忆：“在一次夜袭岗楼的战斗中，侦察员发现一群日军正在楼外聚集，中间一位佩戴指挥刀的日军军官还在布置工事。队长问赵波，‘小赵，看到那个日军头目了吗？把他干掉。’赵波二话没说，比画比画距离，只一枪就把日军头目击毙了。雁翎队瞅准时机，分三队进入大院，扑向敌军。敌人溃不成军，三十余人全部缴枪投降。”

“我岳父说，1960 年 4 月 23 日是他一生中最难忘的日子，这天他进京参加了全国民兵代表会议，与毛主席等党和国家领导人合了影，中央军委还以毛主席的名义发给他一支写着‘赠’字的半自动步枪和一百发子弹。”

“能得到这样的荣誉，是因为老人为革命作出了贡献。抗战时期，他先后参加大小战斗七十多次，一个人缴获步枪一百一十四支、手枪七支、机枪两挺，活捉日伪军一百多人……1950 年被授予‘华北战役战斗英雄’。”回忆起岳父生前的事迹，王木头感慨万千。

过去逢年过节，王木头总会与岳父聊起这些往事。时间久了，王木头觉得应该让更多人了解雁翎英雄的故事。2000 年，他卖掉了自己经营的羽绒加工厂，建起了小兵张嘎纪念馆。现在他成了白洋淀抗日战争纪念馆的馆长兼讲解员，每天面对着来自五湖四海的游客，一遍遍讲述着曾经发生在这片芦苇荡里的动人传奇。这个土生土长的农家汉子说：“我十几年来一直就在做这一件事，却觉得每一天都是新鲜的。这些人、这些事感动了我，我要用它们感动更多的人。”

（本文选自中国军网）

《铁道游击队》主角原型人物曝光

文／杨　春

“西边的太阳快要落山了，微山湖上静悄悄。弹起我心爱的土琵琶，唱起那动人的歌谣……”每当这首老歌响起，经典电影《铁道游击队》便浮现在人们眼前。

1956年，改编自长篇小说《铁道游击队》的同名电影由上海电影制片厂出品。在影片中，以大队长刘洪为首的游击队员们“爬飞车”“搞机枪”“闯火车”“炸桥梁”，生动地展现了抗日英雄的形象。他们的事迹借由作家刘知侠的笔流传了下来。这支由中国共产党领导的抗日武装力量被肖华将军称为“怀中利剑、袖中匕首”。

组建铁道游击队

铁道游击队是抗日战争时期活跃在现山东枣庄一带的抗日武装力量，成立时称鲁南军区铁道大队，人员最多时达三百余人。这支以薛城为中心，由铁路工人、小摊贩、矿工和流浪者组成的非正规部队，舍生忘死，在铁路线上与日军周旋，是日军侵华的“心腹之患”。

“爬上飞快的火车，像骑上奔驰的骏马。车站和铁道线上，是我们杀敌的好战场。”这句歌词正是铁道大队队长洪振海英勇人生的写照。

1910年，洪振海出生在山东滕县（今滕州市）的一个木匠家庭。少年时期的他经常帮火车司机干活，由此学会了火车驾驶技术。后来迫于生活压力，他和穷孩子们一起爬火车弄些煤炭和粮食，练就了爬飞车的本领。

1937年七七事变后，洪振海投身抗日活动并成为积极分子。1938年3月，枣庄沦陷，洪振海毅然参加了苏鲁人民抗日义勇总队。日军在枣庄利用商业机构大搞特务活动，暗杀和逮捕抗日军民；同时，山区抗日部队由于得不到枣庄日军活动的情报，数次与日军遭遇或被日军突然包围。

为扭转被动局面，洪振海打入枣庄建立了秘密情报站。1939年10月，洪振海了解到有一列装有武器弹药的火车路经枣庄，准备开往临城。当晚该列火车刚开出

铁道游击队群雕

枣庄站，洪振海等人便跃上火车，将包扎好的两挺机枪、十二支三八盖步枪和两箱子弹掀下了火车。11月，洪振海便秘密组织了一支十一人的抗日武装，取名为枣庄铁道队，洪振海任队长。

由于日军对鲁南山区频繁“扫荡”、封锁，山区抗日部队的生活极其困难。1940年6月的一天，一列运钞车刚出枣庄，洪振海等人便跃上车，杀死了所有押车的日伪军，缴获伪币八万元、短枪三支、长枪十二支、手炮一门、机枪一挺。从此，“飞虎队”的威名迅速传开。

1940年，鲁南铁道大队组建，下辖三个中队，一百五十多人，洪振海任大队长。这支队伍活跃在微山湖和临城周围地区，解放微山湖、夜袭临城站，不断给敌人以沉重打击。

随后，日军展开疯狂的报复。1941年12月的一天，临城日军集结一千多人，分两路包围六炉店，可铁道大队此时已转移到了黄埠庄。恼羞成怒的敌人毒打群众，烧了村子。听说此事的洪振海怒火中烧，立即组织队员反击，却最终因目标暴露，牺牲时年仅三十二岁。

洪振海牺牲后，鲁南军区政治部追认洪振海为中国共产党正式党员。2009年，为庆祝中华人民共和国成立60周年，在中宣部等单位举办的评选“100位为新中国建立作出突出贡献的英雄模范人物”活动中，洪振海被广大群众推荐为一百五十位候选人之一。洪振海生前率领铁道游击队“血洗洋行”“飞车搞机枪”等许多传奇式的抗日故事至今仍在鲁南地区广为流传。

消灭日伪军五千余人

继洪振海后，刘金山担任铁道大队队长。生于山东枣庄一户矿工家庭的刘金山于1938年加入共产党领导的人民抗日武装，1940年9月加入铁道大队，成为了铁道大队的骨干力量。

1941年，刘金山参加了铁道大队夜袭临城火车站的战斗。整个战斗进行了不到十分钟，就铲除了高岗（《铁道游击队》中日军特务队长岗村的原型）的特务队，还缴获了两挺机枪、三十余支步枪、三支手枪及数千发子弹。从1941年至1945年日军投降，几年时间中，铁道游击队打特务、除叛徒，频繁出击，威震敌胆。

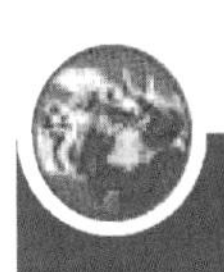

1945年8月15日，日本宣布无条件投降。驻日盟军总司令麦克阿瑟命令所有在华日军只向蒋介石部队投降，不得向中共领导的抗日武装缴械。朱德总司令连续发出七道命令，要求各根据地抗日军队向被我军包围的日军发出通牒：限期投降，对拒不投降之敌坚决予以歼灭。

据铁道大队侦察兵张书太回忆，在沙沟车站东北一里多的沙沟街上驻着伪军一个团，他们接受了蒋介石“维持地方治安”的命令，不肯向八路军、新四军投降。为迫使集结在沙沟车站的日军向铁道大队缴械，鲁南军区先消灭了这些伪军。

刘金山遵照鲁南军区的指示，向日军铁甲车大队队长太田申明我军立场，并派代表与日军代表谈判交涉，终于使日军低头认罪，交出武器投降。

根据枣庄市党史办提供的史料，那次受降仪式上，日军共缴获两门重炮、八挺重机枪、一百八十多挺轻机枪、近两千支步枪、两麻袋手枪、四十吨炮弹、两车皮子弹。铁道游击队用二十多辆牛车，拉了两天，才把这些武器送到军区司令部。这次受降，也是抗战史上罕见的成建制日军向游击队缴械。

随着抗日战争的胜利，铁道大队完成了它的历史使命。鲁南铁道大队对日作战三百余次，取得消灭日伪军五千余人的辉煌战果。1946年3月，鲁南铁道大队奉命撤销，在此基础上成立了鲁南铁路局，刘金山被任命为副局长。

1946年8月，为迟滞徐州地区国民党军向鲁南根据地的集中进攻，原铁道大队部分骨干，重新组建了有一百九十余名队员的鲁南铁道大队，刘金山再度出任大队长。此后刘金山随军南下，参加淮海、渡江等重大战役。

值得一提的是，铁道游击队还曾成功护送过刘少奇、陈毅、陈光、朱瑞等千余名抗日将士过境。

鲁南铁道游击队从创建到撤销番号，前后有五年时间。在这五年的战斗历程中，铁道游击队以津浦铁路为目标，以微山湖为根据地，沉重地打击了敌人，给主力部队提供了大量的战备物资，并先后为各主力部队输送了十几个连队的兵力。

小说、电影传英名

小说《铁道游击队》就是以鲁南铁道大队的真人真事为基础创作的。著名作家刘知侠在创作这部小说时，为了点明这支铁道大队的游击战斗性质，将小说取名为《铁道游击队》。

据刘知侠的夫人刘真骅回忆，1943年夏天山东省军区召开全省的战斗英雄、劳动模范大会，刘知侠所在的《山东文化》编辑室的同志都投入了这一工作。在这次英模大会上，刘知侠认识了铁道游击队的英雄人物，产生了强烈的创作欲望。

1944年和1945年，刘知侠两次冒着生命危险越过敌人的封锁线，同游击队员们生活和战斗在一起，积累了丰富、真实的创作素材。1946年，正当刘知侠要着手写作时，解放战争爆发，他受命执行新的任务，创作被搁置到1952年。直到1953年成书，这部作品整整写了十年。

《铁道游击队》的男主人公、铁道游击队大队长刘洪是以洪振海、刘金山这两任大队长为主要原型创作出来的。电影《铁道游击队》在上海首映时，上座率创新高，轰动全国。1957年，北京人民广播电台和《北京日报》联合举办国产新片评选，它又被评为最受观众欢迎的十部影片之一。

作为小说男主人公刘洪的原型之一，《铁道游击队》被改编成电影时，刘知侠还请刘金山担任了电影的军事顾问。

《铁道游击队》拍摄外景地原拟从故事发生地山东选择，但经考察发现枣庄铁道线太繁忙，而微山湖又太辽阔，并不适于拍摄，后改至无锡、南京郊区及太湖。电影拍摄取得了上海市铁道分局的支持，在江湾附近拨出一条还没有正式运行的支线铁路和几列火车供拍摄使用。

广州军区战士话剧团演员曹会渠第一次出演电影，就演刘洪队长这个角色。为了在银幕上展示铁道游击队特有的高超巧妙的驾车与跳车技术，他与其他演员一起，在上海铁道局机务段同志的帮助和指导下，跟着火车在上海与苏州之间往返，反复练习开车、跳车。

在影片高潮段落“芳林嫂被押刑场、刘洪飞骑相救”的一场戏中，为了能自如骑马飞奔，曹会渠苦练骑马技术。按剧情规定，演员要骑着马追赶火车，并在公路与铁路交叉口越过火车头，导演要求马与火车在同一时间、同一画面擦肩而过。开拍那天，刘金山亲自操纵火车，曹会渠在最佳时机一跃而过。

位于火车铁轨五六米外的观看者都情不自禁地感叹：“拍摄现场就是战场。”

（本文选自《南方日报》）

永远闪耀的红星

——电影《闪闪的红星》"潘冬子"原型、开国上将许世友长子许光记事

文／冯金源　郭大胜

二十世纪七十年代，一部名为《闪闪的红星》的电影轰动全国。因为这部电影，人们记住了电影的主人公——潘冬子。

电影《闪闪的红星》海报

潘冬子犹如一颗闪闪的红星，永远闪耀在人们心中。

然而，很多人并不知道潘冬子的原型是谁，更不会想到他竟然是传奇将军许世友的长子许光。

2013年1月6日，许光——这个在全国家喻户晓并影响了中国几代人的"潘冬子"，因病走完了他八十四年的传奇人生。

许光生前，没有多少人了解他，因为他从来没有以红星"潘冬子"自居，从来没有用父亲许世友将军的光环炫耀自己，他只是鄂豫皖革命老区河南省新县一名普通的基层干部。

他像泥土一样朴实，像大山一样沉寂。

他像一棵无名的大树深深扎根在人民中间。

许光逝世后，我们怀着崇敬的心情，在大别山革命老区走访了许光生前的逾百位领导、战友、同事及亲属，他们向我们讲述了许光很多令人感动、感慨、感悟的

许光和父亲许世友将军的合影

故事，使我们进一步了解、认识了潘冬子。潘冬子的一生留给我们的绝不仅仅是一部电影，而是令人无尽思考的一部无字大书。

“潘冬子”是传奇将军的传奇儿子

许世友是出了名的传奇将军。许光虽然没有父亲惊天动地的传奇经历，但他的人生中也有不少传奇。

许光出生在一个风雨如磐的年代。

1929年的鄂豫皖红色革命根据地，在《八月桂花遍地开》的歌声中，红军将领许世友与妻子朱锡明的第三个儿子降生了，这也成为他们所生育的三个儿子中唯一存活下来的小生命。

许世友给这个儿子取名黑伢。历史仅仅给了来到世上的黑伢两年相对安生的时光。在黑伢两岁多时，鄂豫皖根据地失守。父亲许世友随红四方面军从大别山转战川陕，从此与家人失去联系。年幼的黑伢便和奶奶、母亲、姑姑一起留守在大别山革命老区，在极其艰苦的环境中过着颠沛流离的生活。当时，国民党对红军的亲属们进行了残酷的迫害和追杀，许光的母亲被逼迫改嫁。年幼的许光由奶奶、姑姑带着留守在大别山革命老区坚持对敌斗争，七岁的时候他就参加儿童团。有一次，敌人在鄂豫皖根据地“扫荡”，下令放火烧山，奶奶和姑姑在烟熏火烤中带着许光在山洞中躲了三天三夜，终于保全了生命。经过无数次九死一生的残酷斗争，许光成为中华人民共和国成立后大别山老区仅存的五万幸存者之一。

因为许世友离家十七年无法和家人取得联系，许世友的母亲还以为儿子早已牺牲在战场上，而许世友也以为家里人已被国民党杀害了。直到1948年春，一封许世友寻找亲人的家书在大别山传了很久，才辗转到许世友母亲的手中。老人家得知许世友不但没有死，还在山东军区担任司令员的消息后，便带着孙子许光找到与许世友一块参加革命、在湖北省军区担任司令员的王树声，要求帮助找到许世友。在

年轻时的许光

王司令员家中住了大半年，王树声派人将许光送到了山东，许光与父亲许世友才得以团聚。父子重逢后，许世友清楚记得许光的小名叫黑伢，还问了许多家里的情况。许世友问儿子今后打算干什么，许光毫不犹豫地说："我想当兵，像父亲一样报效国家！"

许世友告诉儿子，准备送他去读书，并叮嘱许光要趁着年轻多学习文化知识，将来的国家需要有知识的年轻人去保卫和建设。随后，许光被送往山东军区文化速成中学学习。也就是这个时候，许光少年时期的成长经历被他的班主任老师李心田了解后，以他为潘冬子的主要原型创作了红色著作《闪闪的红星》。后来改编拍摄的同名电影《闪闪的红星》风靡全国，持续影响了几代人。

从文化速成中学毕业后，许光又相继在华东军政大学、第一海军学校和大连海军舰艇学院等院校学习，成为中华人民共和国成立后我军第一批拥有本科学历的海军军官。在校期间，许光从不向战友炫耀自己的家庭和身份，反而以比别人更加严格的标准严格要求自己。毕业分配到北海舰队后，他在一线部队刻苦摔打、磨砺，逐步成长为共和国海军的一名优秀的舰艇长，先后六次立功受奖并圆满完成了海防巡逻、重大演习等战备训练任务，为捍卫祖国海疆安全作出了贡献。

正当许光在军队的事业一帆风顺，前途一片光明时，1965 年，许世友突然决定让自己的儿子离开海军回到家乡，从繁华的海滨城市青岛调到大别山深处的新县人武部，由一名海军作战指挥员改任县人武部参谋。从此，许光再没有离开家乡。

而许光从一个在根据地坚持革命斗争的"红小鬼"成长为共和国的海军军官，而后返回家乡再没有离开，在大别山革命老区书写了一个又一个传奇。

（本文选自新浪军事，有删节）

电影《红高粱》战斗原型：高密孙家口伏击战

文／李文奇

孙家口伏击战纪念碑

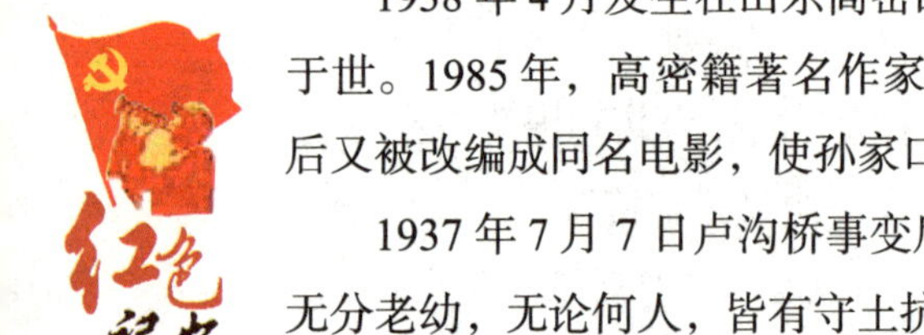

1938 年 4 月发生在山东高密的孙家口伏击战，因农民打死日军陆军中将而闻名于世。1985 年，高密籍著名作家莫言以孙家口伏击战为原型写成小说《红高粱》，后又被改编成同名电影，使孙家口伏击战名扬四海，蜚声国际。

1937 年 7 月 7 日卢沟桥事变后，蒋介石发表庐山谈话，宣布“地无分南北，年无分老幼，无论何人，皆有守土抗战之责，皆应抱定牺牲一切之决心”开始抗战。

高密县（今高密市）长曹梦九闻讯，立即组织成立了三百多人的高密抗日救国游击大队，自任大队长。曹梦九为加强高密治安，在全县建立了完善的联庄会组织。其中，第八区南郭庄（中华人民共和国成立后划入诸城）联庄会在会长曹仲芳的带领下，以曹克明、曹绍先、王泽后等为骨干，在与忽匪忽官、身份多变但匪性越来越猖狂的张步云部的斗争中逐步壮大起来，相比于其他村级联庄会，人数较多，装备较好。国难当头，大敌当前，各股力量本应团结抗战，一致对外，但实际上内部却纷争不断。不久，曹梦九愤而辞职。

山东省政府主席韩复榘因不战而逃，被国民政府扣押枪决。韩复榘手下的第二路游击司令张步云率部由鲁北窜至诸城、高密一带。1938 年 1 月，他派队伍包围了南郭庄，打垮了联庄会，活埋了曾围击过他的联庄会长曹仲芳，枪杀了曹氏族人多名，抢走了粮食、衣物、农具、牛羊等大批财物，放火烧了南郭庄，并搜捕曹直正、曹克明等人的亲属。曹直正为黄埔军校武汉分校第六期毕业生，曹克明为北平私立中国大学的毕业生，当时在联庄会工作。

在武汉，北伐战争中屡立战功的曹直正已被康泽委任为国民政府军事委员会别动总队华北少将联络参谋兼第十三游击支队（驻地在山东博兴）参谋长。他辗转经过敌占区赴山东，既为赴十三支队参谋长之任，也为点编别动总队下属部队，逼迫兼得回高密探亲。此时，曹克明已经成为南郭庄联庄会的实际负责人，出面收拾残局。该村父老对曹直正寄予了厚望，极力鼓动他率领曹克明的队伍攻打张步云，为亲人们报仇。在国仇面前，为避免与张步云部发生更大的冲突，曹直正星夜集结曹克明的全部武装及部分家属、伤员，连夜越过胶济铁路，挺进到高密西北部的周戈庄一带，寻机抗日。

在周戈庄，曹克明以南郭庄联庄会为基础，改编了昌邑县第十区（即现在的崔家集镇，今属平度）区长董希瞻、昌邑县东平乡乡长于旭斋等人领导的多支地方武装，队伍扩展到四百余人，被国民党收编为山东省第八行政区第六游击总队（团级），曹克明任中校总队长兼莱阳县县长，因战乱暂未赴莱阳上任，在高密、平度、即墨一带开展游击战。但是，曹克明部官兵都是刚刚放下锄头的农民，不仅装备差，而且多数人连枪都不会用，根本没有战斗力。曹克明本人时为一介书生，没有指挥战斗的经验，就请曹直正指挥部队。考虑到曹克明部的战斗力差，曹直正决定打一场伏击战，以战术优势来弥补战斗力的不足。曹直正与曹克明徒步对胶（县）平（度）公路逐段进行了勘察，决定在胶莱河古渡口——孙家口村（时属平度县，1957 年 2 月划入高密县）打伏击。

孙家口北距平度县（今平度市）城三十五公里，南距胶县县城二十五公里，西南距高密县城三十公里，正位于三县交界处，战斗打响后，三处的敌军都不易迅速增援。胶莱河自东南向西北绕孙家口村而过，附近没有其他通路，只有村北一座近四十米长、两米多宽的石桥。从北堰口开始向南的一段长七十二米的引桥是下坡，而到河南堤孙家口村口的长五十二米的引桥则是上坡。桥面狭长，桥下有水，引桥两旁乔木成林，灌木丛生，两端堤高坡陡，形成了天然屏障。河南上坡的尽头是个直角，车行到这里，必须向右转九十度的弯才能沿街西行；然后，再向左转九十度的弯才能出村驶入胶平公路。在入村口处，许多民房建在两侧高坝上，犹如楼台高阁，而街道却低洼难行。因此，从胶莱河北堰口南行至出孙家口村约六七百米的道路，只能单车低速缓行，却又有许多坑洼和陡弯，很适合打伏击。

在选定伏击地点之后，曹直正和曹克明又认真观察日军的行动规律。日军为了打通胶县与平度之间的直接联系，以武力迫使沿路两侧村庄的群众每日出工、备料，为他们修复胶平公路。公路修好后，日军除责令沿路村庄的百姓为其看守维护外，还让全副武装的士兵乘车不断沿公路往返巡逻。日军在巡逻车上耀武扬威，常以公路两侧的村庄、树木、坟头、石碑等作目标，开枪扫射或炮击。更丧心病狂的是，他们还拿在田间劳作的农民和过往行人当靶子，比试枪法。人们因此整天提心吊胆，奔波躲藏，悲愤万分。

种种情况表明，敌人的巡逻车总是有规律地往返于胶平公路上。侦察好地形、摸清情况后，为确保战役成功，曹直正和曹克明又去联络高密东北乡的地主抗日武装冷官荣部和胶县自称为抗日救国军的地方群众自卫组织姜黎川部，要求他们密切协作，阻击南北方向的援敌，并得到同意。

1938 年 4 月 15 日上午，敌人的五辆巡逻车由胶县穿过孙家口去平度。曹直正与曹克明根据以往的规律判断，敌人应在第二天上午再经这里返回胶县。

敌车经过后，曹直正、曹克明就着手部署兵力，疏散群众，并把群众提供的耕田用的铁耙三支一组，耙齿向上，用铁丝拴牢，待天黑后放在村内和村南的路上，作为阻挡汽车逃跑的路障。游击第六总队共有两个大队，约四百人，最有战斗力的为第一大队，大队长王子久，副大队长于旭斋。为便于作战，曹直正将部队临时编成三个中队：第一中队中队长卢兴宣，第二中队中队长由总队副、第二大队大队长董希瞻兼任，第三中队长由第二大队分队长许殿英担任。曹直正命令董希瞻、许殿英率二、三中队担任主攻，于 16 日拂晓前沿公路从前双丘到孙家口村内一线布防，分头埋伏在胶莱河两岸的堤坝边上和孙家口村沿街两侧的民房中；第一中队官兵由于旭斋率领，换穿便服，扮作普通农民，在胶莱河以北的田地里耕作，以迷惑敌人；友军冷官荣部一百余人进抵平度万家庄，准备阻击来自平度方向的援敌，并追歼逃散之敌；友军姜黎川部四百余人布防孙家口村南，准备阻击胶县方向来的援敌，并负责在战斗打响后，立即切断胶县通平度的电话线，防止日军联系，并追击残敌。整个战场东起马家花园（属平度），西至王家丘（属高密），北起前双丘（属平

度），南至艾丘（属高密），方圆五六公里，共设下两道防线。指挥部设在王家丘，由曹直正和曹克明亲临指挥。

经过一番紧张的部署，到4月16日拂晓，已经全面就绪。上午8时左右，日军的八辆汽车从平度返回胶县。第一辆车上架设着一挺重机枪，有日军官兵九人，其余七辆车则没有刻意做防备。在路上，他们还劫持了一辆从平度去青岛的客货车随行，平度县城南关的谢维俭恰巧乘坐该客货车，目睹了战斗情况。

上午10时后，第一辆汽车驶过石桥，按惯例加油爬坡冲向村庄，后面的车也尾随前进。第一辆车在村内向右急转弯时，司机突然发现前面有铁耙路障，本能地作左转弯的临时紧急处理。但为时已晚，轮胎被尖利的铁耙齿刺破，汽车一下撞进路边房后的道沟里，车上的敌人被这突如其来的情况搞蒙了。紧随其后的四辆汽车此时也已过桥，拥挤在村口处，前进不能，后退不得。其余三辆车还未过桥，也随之停下。于旭斋连忙命令游击队员把铁耙放在道路上，以挡住日军汽车的退路。远远落在后面的客货车发现情况后，便在远处刹住了车。

正在敌人乱作一团的时刻，只听董希瞻大喊一声："打！"埋伏在孙振林家房顶的游击队员们，迅速投下一排排手榴弹。随着剧烈的爆炸，车上的日军非死即伤，幸存者不过一二。埋伏在村内和引桥两旁树丛里的游击队员也居高临下投手榴弹，并排枪齐射。顿时汽车被炸瘫痪，敌人被打得血肉横飞，惨叫不已。特别是第一辆车内的日兵全部被炸死，重机枪失去了作用，为全歼敌人创造了条件。

由于游击队员们的射击技术较差、土造手榴弹的威力小，虽然占据了多面夹击和居高临下的优势，这突如其来的第一波攻击仍然没有全歼敌人。一个日军军官挥舞着指挥刀，命令残敌以汽车和围堤作掩护，进行反扑。在烟雾弥漫中，一个敌人爬进路旁一家车铺里，疯狂地向我游击队员进行射击。因为没有战斗经验、不注意隐蔽，有十多名队员不幸中弹牺牲。敌人的火力越来越猛，游击队员们一个个地倒下，而且残敌正向汽车底部等一些更加有利的射击位置移动。分队长、高密和顺屯人马福生急中生智，他一面命令队员加强火力掩护，一面带领另外十余名战士，每人抱着一捆点燃的高粱秸秆，奋不顾身地冲向汽车，把着火的高粱秸秆投到汽车底下。顿时，熊熊大火把敌人烧得从汽车底下钻了出来。游击队员立即冲上去短兵相接，双方展开了肉搏战，残敌多数被歼。激战中，剩下的敌人看到大势已去，且战且退，四处逃窜。

村内车队中，有两个敌人趁乱跳入路旁的水沟，顺水沟逃到孙家口村南，被游击队员发现并击毙了一个。剩下的这个日本士兵逃到公婆庙村时，被村民王道利发现，王道利呼喊了一些群众围住了敌人。公婆庙村的老猎人王道祥手持猎枪，带领孙召亮、孙坚荣等群众，提着铁叉也迎了上来。然而王道祥的猎枪射程短，打不着敌人。这时村民张福臻等站在上风头，用铁锨扬土，敌人睁不开眼，无法瞄准还击。孙召亮、孙坚荣马上从旁边摸了上去，举起叉子，一齐向敌人投去。只听到一声惨叫，敌人从地上跳起来，老猎手王道祥趁势一枪，敌人立即倒地毙命。

战斗从上午10时持续到下午4时，共歼敌三十九名，仅逃走了一个日本兵。战利品曾送到当时迁驻在安徽阜阳的山东省政府展览，曹克明部受到了国民政府的记功嘉奖。

激战中，游击队员伤亡三十余人，自愿参战的群众伤亡十余人，其中包括曹克明的五胞弟曹正德和族弟曹焕德、曹平德三人。

孙家口伏击战是国民政府地方游击队、地主武装、地方群众自卫组织和广大人民群众共同创造的以弱胜强的伏击战战例。这场战斗的胜利极大地鼓舞了胶东敌后军民反侵略战争的斗志和勇气。

此后，日军进行了疯狂的报复，杀伤村民二百余人，烧毁房屋千余间。惨案发生后，国民政府《中央日报》发表文章，严厉谴责日军暴行。日军的血腥报复，使人们进一步认清了侵略者的凶残本质，更加坚定了抗日保家卫国的信心，抗日力量也得到了进一步的发展壮大。

（本文选自《文史春秋》2012年第12期）

保定作家李英儒与《野火春风斗古城》

文／李小龙

作家李英儒发表于1958年的小说《野火春风斗古城》于1963年被搬上银幕，引起轰动。后又多次被改编为电视剧。

抗日战争时期，中国共产党领导下的“冀中军区”经受了一场日本帝国主义侵略者发动的号称十万人的“大扫荡”。日军极端仇视冀中抗战的共产党武装力量，他们咬牙切齿地声称“烧毁所有村，杀尽所有人”，曾把冀中地区搞得“迈步是公路”“抬头见岗楼”。

父亲，在这个烽火岁月里，一直是军区一支武装力量的领导人，在与敌人交战中，置生死于度外，以保卫家乡父老为己任，腥风血雨中从未放弃家乡的人民和土地。

父亲在中华人民共和国成立后担任中国人民解放军总后勤部文化部副部长，抗美援朝战争中又被任命为志愿军总后勤部政治部主任。在他的长篇小说《野火春风斗古城》问世后，很少有人知道，他曾是一位穿梭在枪林弹雨中的战士。

一

父亲幼年丧父，祖母日夜不停地纺线供他念书。先生对用功的父亲赞赏不已，曾经说：“若是在科考的年代，我可以把你教得考中秀才。”父亲那时黎明即起，出家门就开始背诵“云

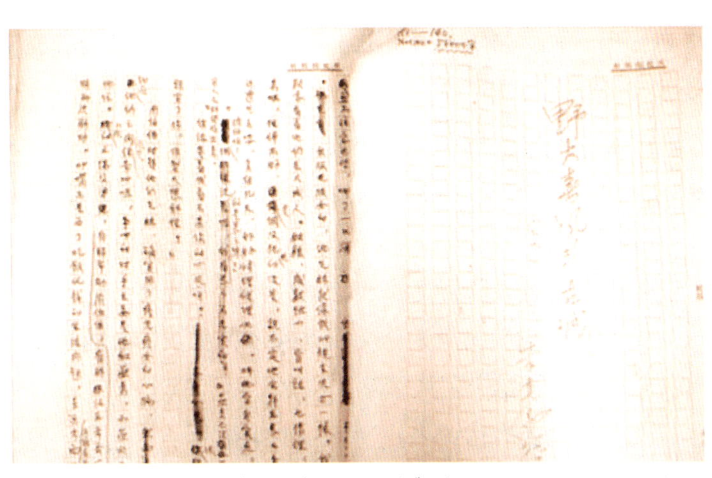

《野火春风斗古城》手稿

山苍苍，江水泱泱，先生之风，山高水长”，一直念到私塾门口。先生对他的评价是“毛笔字如一朵花开”。附近村子谁家出了红白喜事，先生被请去写礼单，就把父亲带上。先生念着名字，由父亲执笔，几百个礼封不用一两个钟头全写完，看得乡亲们赞不绝口。

先生说：“什么都难不住你了，你也开馆教书吧。”消息一传出，附近几个村子的人们送来了十多个学生。可是，一位在县里读师范的高年级学生介绍他读三民主义，并极力推荐他去保定读书。于是，父亲打消了尽早养家糊口的教书计划。而且当父亲被同学领着走进一户人家借钱读书时，对方没说什么话，痛快地把钱借给了父亲。父亲背着债走进了保定城，发誓要比别人更勤奋，学出好成绩，报答艰辛劳作的老母亲。

二

保定，在中国共产党的革命活动中占有比较突出的地位。它是河北省党组织与日军开展长期斗争的一个重要根据地。我党早期领导人刘少奇、蔡和森、邓中夏等，都在河北保定从事过革命活动并培养了一批优秀共产党员。

1935 年，父亲在这片有着党的足迹的地方参加了抗日民族先锋队组织，这是中国共产党领导的先进青年组织。1937 年，由于学习成绩优异，父亲参加了全国联考，取得了河北省会考的第一名，被保送到北平的燕京大学（今北京大学）。但是九一八事变彻底粉碎了他的读书梦。父亲没等北平的学校开学，就毅然回到家乡。

这时，国民党保定军校动员他就读军校，薪水是银圆加洋面，待遇非常优厚。而我党地下组织也找到了他，要将他送往延安，这是当时最光明之路。可父亲选择了第三条路，投笔从戎，接受地方共产党组织的委派，在家乡拉起了一支抗日的武装——晋察冀军区北上抗日先遣支队独立团。父亲被任命为独立团团长。从此与敌寇周旋十一年，没有再离开华北平原这块热土。他太眷恋这片土地，太热爱这里的山河了。

父亲带领独立团参加大小战斗几十次，转战在河北以及平津铁路线。他又让最爱的亲人——母亲，参加了送情报的危险工作，并将家里设置成了交通站。

三

组建一支抗日队伍犹如“老虎吃天——无处下嘴”。

父亲赤手空拳，身无分文回到家乡，身上所有的只是一个党的决定。他就这样怀揣重任和委托踏上了从军路。

父亲回到家乡后，先找到了一个叫张豹子的老兵。他年长父亲十多岁，是从东北军回乡的士兵。他枪打得好，是出了名的好身手，会武术。父亲是如何动员他

李小龙和父母合影

的，我不知道，只听父亲谈起过，曾用东三省沦陷的历史和当地人民生活的惨状来发动张豹子。张豹子当即同意跟随父亲，成了独立团一连连长。

随后，父亲在家乡走村串巷，利用他年轻时的书生名气，很快集结起百人的队伍，如同猛虎下山刮来的旋风。到处有人说："李家桥村那个读书郎如今是员武将，他要人要枪要打日本兵。"于是，有送枪的，有送钱的。不多日，他的队伍就将大刀片、铁镢头换成了土造老枪。

记得父亲说过："咱家乡这片土地有我在，日本人休想占领它。跟着八路军一定要打败侵略者！"这不是年轻气盛，是不容国土被践踏的誓死决心。所以，他所到之处无不受到百姓支持，而且没有吃过闭门羹。

很多年后，当我年轻的哥哥回到家乡，还有人找上门来说要看一看父亲。来人对我哥哥说："我是你爸爸独立团的兵，当年我跟着你爸爸在这一带打日军。你爸爸那时就是你这样年轻。"哥哥也遇上过这样说的："你爸爸当年要走我一条枪，说打跑日军再给我钱。"

父亲的队伍迅速武装了起来，可是枪都不是好枪。他动员战士们说："我们要从日军手里抢，要用我们的大刀和破枪换回真正的武器。"

很快，晋察冀军区开始调用父亲的队伍，护送干部，破坏铁路，参加攻打任务——打易县、打涞水、攻打武强城、打小范镇、守武强等。他们既打过游击战，也打过正规战。父亲领导的独立团一天天壮大，成了名副其实的团级建制。最终扔掉了大刀片，全部换上了从日军、伪军手里夺过来的枪。父亲也有了一支颜色幽蓝的手枪。

一次，上级交来一个重要任务，在某处山区，敌人占据了一个山包，每天不论白天黑夜都设岗，岗哨上有七八个人。这个岗哨的位置非常重要，周围视野范围内一览无余，给我军的交通和行动造成了很大的困难。动辄我军就会暴露在敌人的眼皮子底下，上级要求父亲火速解决掉这个据点。

父亲没推辞，虽然拔掉这个据点难度太大，但是对于党的指示从来不说二话的父亲一接到任务，就开始思考巧妙的作战策略。父亲乔装打扮后，只带了张豹子和另一个战士，三个人去执行这次任务。当他们刚刚出现在山冈开阔地时，远远就听见山包上传来喊声，接着，据点的所有人都跑出来站位。父亲边往前快步走边大声说："我是你们团长的同学，你们团长 ××× 约我过去会一会！"

对方像是简单商议了一下。父亲三人健步如飞，已经听得见敌人拉枪栓的声音了，父亲又大声喊："不要开枪，不要打错人！打错了，你们可交代不了，你们团长今天请客，你们不知道？"

这时，父亲三人已经来到敌人的射程范围之内了，此时他一眼瞥到一块大石头可以作掩护，一声口令，父亲一骨碌躺倒在大石头后，边倒地边掏出手枪射击。父亲的口令只吐出半个字，与父亲配合默契的张豹子早已心领神会掏出双枪射击。另一个战士也是神枪手，他居然站立着射击。敌人被突如其来的袭击打乱了，密集的子弹乱打一通。有的打大石头后边的人，发现打不着；有的打站立的战士，但是自己被击中了；有的打张豹子，但被张豹子连发的子弹堵击不能瞄准。一阵激烈的枪战后，据点的敌人被全部击毙，父亲喊了一声"撤"，三人迅速地跑进山里。路上父亲严肃批评道："有掩护不用，就是违反作战常规！"

那个战士笑道："团长，我是想你认识他们团长，我不认识。我要是被打死了，你还可以带着别人再来。我就想为你吸引敌人的火力。"张豹子取笑说："你傻呀？咱们团长怎么会认识他们团长？这是李团长提前做了功课。"

父亲训斥张豹子："说说你自己！要什么大牌！"

张豹子高兴地说："不是要，是让你说认识他们团长给逗的，要不然我们走不到这么近，这么好打的位置。我一着急就顾不上了。"

拔掉了这个据点以后，敌人再也没敢在这里设过据点。

四

父亲边打仗边写一些文艺作品，也做过《冀中一日》的编辑。1942 年敌人对冀中实行"五一大扫荡"后，我党的所有抗日武装力量都受到了重创。独立团也伤亡惨重。这年，河北大地许多村庄的乡亲都掩护过父亲，他说："河北的老百姓是最坚强的，他们才是八路军的铜墙铁壁。"父亲与当地的老百姓结下了深厚的情谊，后来他带出来了一些"堡垒户"的子女，中华人民共和国成立前夕把他们都领进了革命队伍。同年 8 月，父亲被晋察冀军区党委再次委派打入保定做地下工作。

应该说《野火春风斗古城》一书是父亲真实经历的写照。父亲奉命出发时手中并没有“合法”证件，他是冒了生命危险入城的。之所以如此仓促，是因为他身负着一项刻不容缓的任务：开辟一条由冀中通往山区根据地的安全交通线。那时驻保定的日军对平汉线封锁得极严，已有不少同志在穿过平汉线时被捕、牺牲，因此，父亲为了早日进城开展工作，就顾不得凶险了。

父亲潜入保定之后，辗转托人，由伪省政府的经理科长给安排了一个差事，在此环境中他目睹了汉奸省长一伙人的卑劣行径，因此《野火春风斗古城》中才能对伪省政府上上下下、大大小小的汉奸有详细而真实的刻画与描写，而那个月月盘剥父亲微薄薪水的经理科长，基本上是书中伪科长“李歪鼻”的原型。

在敌人“心脏”落脚是很困难的，特别是没有合法身份和经济来源。当年的地下工作并不像今天的谍战剧所描绘的那般从容，地下工作的活动经费是非常少的，更不能用在个人的生活上。进城后父亲住在淮军公所南门的房间里。来的时候党组织是这样同他说的：“抗战初期你是我们八路军第三团的团长，有战争经验，有文化；你对保定特别熟悉，在这里上过学，有群众基础，又是本地人；你胆识不缺，又有一定的人际关系，相信你能随机应变，险中求胜。”

果然，父亲进城后找到了内线关系人，接上了头，还发展了一批自己人，扩大了地下组织。地下组织被分成了两个地下工作小组，在此基础上成立了保定地下工作站，父亲担任保定地下工作站站长和党总支书记。从此，一条党的地下交通线在敌人的眼皮底下建立起来了。紧接着上级指示他把内线工作的重点转移到对敌伪军的瓦解和争取工作中来，配合党的军事斗争。

父亲的地下工作开始伸展到敌军内部。直到中华人民共和国成立后，起义的一位国民党司令还经常到我家来，说：“你父亲特别能做我们的工作，策反投诚伪军官兵起义前，他敢只身进到我们的营地，他经常讲得人伤心落泪。”

是龙要掰一只角，是虎要敲一颗牙！对敌斗争中，父亲从未放弃的是创造性思维。

父亲策反了一个在日军据点里工作的伙夫，让他把日本人内部的情报送出来。委派父亲进城的敌工部负责人史立德在许多年后对我说：“是你爸爸开创了将内线安置到日军内部的先例。我们火速将这个事情向党中央汇报，才有了后来的南方敌工部的效仿之举。你爸爸开创了好几个第一呀，我们什么都想到了，就是没想到他还能在中华人民共和国成立后写出一本轰动全国的地下斗争的长篇小说来。”

五

当时，对于选派父亲进城做地下工作，党组织最大的顾虑就是脸太熟，容易暴露。因为保定是个小城。所以这里不得不提到我的妈妈张淑文。组织上同时委派当时十八岁的她进城担任地下交通员。

妈妈也是河北省人，家在滹沱河岸边，十三岁当上儿童团长。1942年十六岁的她加入中国共产党。她本人当时正在争取到根据地学习，却服从组织安排进城当了地下交通员。她主要负责传递军事情报，妈妈一次次随身携带情报出入有日本人站岗的城门，历经风险。妈妈在抗战胜利60周年的时候获得了中共中央、国务院、中央军委颁发的抗日战争胜利60周年纪念章。

《野火春风斗古城》中出现的一个重要人物“杨母”，怎么想都有我奶奶的影子。我奶奶本是续弦，父亲十一岁时，爷爷因病撒手而去，家里只剩下孤儿寡母，十分凄惨。不久，大伯提出分家要求，父亲几乎每天放学回家都能看到吵架情景。奶奶性格刚强，不肯俯首低眉，分家遂成定局。客观地讲，大伯也有他的难处，他也有一家数口需要照料，分家后，他除了种地还得给财主扛活方能维持家计。奶奶三十岁守寡，留在她身边的不过是旧房薄地和一群年幼的儿女，一个农村妇女要撑起这摊破败凋零的家业来，其艰难可想而知。她经常哭哭啼啼地把父亲拉到跟前，要他发奋读书，日后好顶门立户把弟妹们拉扯起来。那时父亲不过才十一二岁，却已经深知生活不易，他暗暗立下决心，寒窗苦读，争取长大后当一名教师，每月挣几十块钱维持家庭生活。这，就是父亲——一个农村少年立下的全部宏愿。父亲绝没想到，他竟走上了与当教员养家持业全然不同的人生之路。但是，无论在这条路上走多远，父亲始终感念着奶奶对他的养育之恩。《野火春风斗古城》中，杨晓冬母子间那份深情厚爱以及同生共死的命运、依依不舍的眷恋，都来源于现实生活。奶奶是病故的，没有杨母那种被捕就义的壮烈结局，但在抗日烽火中，她亲生的两儿两女先后奔赴抗敌前线，她的家也成了八路军的“堡垒户”。奶奶接待照顾过许多过往的同志，自己还担负了送信等工作，她无疑是一位英雄母亲（因我家有六人挺身抗日，冀中军区把我家命名为“抗战家庭”），而奶奶去世的时候父亲正在山区汇报工作，无法赶回来，临终都没能见上老人一面。父亲为此遗憾了一生。

李英儒

六

清风店战役中，石家庄的国民党第三军企图会同由平、津出援之军夹击人民解放军于保北地区。蒋介石令增援部队不惜一切代价南下解第三军之围。父亲在这场激烈的打援战斗中，频繁地做传递各项情报和报告敌军动向的重要工作。保障了清风店歼灭战的最后胜利。

平津战役开始之后，北平城被围，刘仁同志急调父亲到京郊门头沟的十渡，共同研究策反傅作义起义。父亲在十渡期间，亲自潜入北平城，组织和安排了若干次与傅作义接触的地下工作，还参加了攻城时的临阵喊话。最终，北平城和平解放了，父亲是坐着装甲车第一批进入到北平的解放军。

七

父亲的一生，一半在马上征战，一半在案前笔耕。无论经受了什么，他总是说：“我无愧于党！一生戎马无悔无憾！”“文革”时父亲含冤入狱。一个傍晚，他偶然抬头望见牢房小窗外有弯月当空，一时月牙又被乌云遮住。他翻开报纸，忽然发现这天正是端阳节，于是作诗自勉：

碧空乌云吞月光，
骤忆今夜是端阳。
人生有路须前进，
大夫何必跳楚江。

这是他横刀立马的宣言，因为他是一名战士！

父亲最喜欢“铁马冰河入梦来”这句诗。他做梦都在想着，一身戎装，骑着有铠甲的战马，同敌人在疆场厮杀的场景。父亲虽然不在了，但是曾在疆场上建功立业的父亲，令敌人丧胆，是永远的战士！

（本文选自：河北新闻网）

“永不消逝的电波”原型夫妇：相爱相守六十五年

文／杨　芳

与中国大多数夫妻一样，王士光和王新夫妇看上去没什么特别之处。在一张照片上，他们一左一右，肩并肩站在庭院里，略显拘谨。那是1938年的冬天，两个年轻人打扮得很时尚：丈夫穿了件呢子风衣，妻子穿的是翻毛皮大衣。

又过了十年，两人的穿着大为改变：齐刘海的卷发和西装革履不见了，取而代之的，是中国人民解放军军装。不过，夫妻俩中间多了个睁着大眼睛的小女孩，脖子上系着浅色的围嘴。

1938年冬地下工作时期的王士光、王新

最大的变化当然是岁月带来的。到了1975年，照片上的男人头发已经花白，戴副黑框眼镜。他俩身着深色干部服，力图摆出一副严肃的面孔，但仍然掩饰不住脸上的喜悦。

旁人难以想象，这些已经发黄甚至模糊不清的照片背后，是一个接一个惊心动魄的故事。

第一张是他们假扮夫妻在天津做地下工作时的合影。第二张是两人因战争而分开，直到八年后在当时的晋冀鲁豫解放区一个小镇上相遇之后拍摄的。不过这一次，假夫妻终成眷属，并生下了大女儿。而1975年那一张，是两口子分别了八年后重逢时拍摄的。

1948年秋王士光、王新在白沙镇与大女儿的合影

最近，根据同名电影改编的电视剧《永不消逝的电波》在央视一套热播，讲述一对共产党员假扮夫妻，在上海做地下工作的故事。相比之下，身为原型之一的王士光夫妇，现实生活中却一直低调而平静。他们相濡以沫度过了六十五年时光，直到2003年王士光在北京去世。如今，妻子王新依然在世，已经八十九岁的高龄了。

那些“永不消逝的电波”，彻底改变了他们今生今世的命运。

“那时候就是这样，只要党布置了任务，个人就会无条件地服从”

正如荧屏上的女主角何兰芬一样，起初，本名叫王兰芬的王新也不同意“嫁人”。

当时，她的身份还是河北女师附中的学生。她出身于东北一个颇有名望的官绅家庭。张学良子承父业后第一次检阅东北军队，陪阅官就是王兰芬的父亲。

九一八事变后，父亲把女儿王兰芬送到天津亲戚家中。第二年，还在读中学、年仅十五岁的王兰芬就加入了中国共产党。与她单线联系的地下党员是彭真的夫人张洁清。按照计划，十五岁的王兰芬即将到中国人民抗日军政大学的一所分校学习。这一天，她到指定地点来接头。

一切都像电视剧中那样充满悬念：在一座充满欧式风格的花园里，一个陌生的男子告诉她“党交给你的任务变了”，需要她和一个男同志组成名义上的家庭，掩护对方做通信工作。

“我觉得很突然，思想根本来不及转弯。”时隔多年，早已改名为王新的王兰芬笑着回忆说。她表示自己连恋爱都还没谈过，怎么能和一个素不相识的人结婚？

后来，王新才知道，这个接头人正是当时的中共天津市委书记、后来成为国务院副总理的姚依林。当时，他的名字叫姚克广。

也许是看出了小姑娘的心思，姚依林劝解说：“党员，个人要服从组织，党相信你会很好地完成任务的。”在回忆文章中，王新说自己无言以对，表示坚决服从。

“那时候就是这样，只要党布置了任务，个人就会无条件地服从。”谈起这段往事时，他们的小女儿王更怕别人不理解，补充说。这句话她时常从父母口中听到，无论是战争年代的天各一方，还是中华人民共和国成立后的坎坷跌宕，他们都用这句话来解释。

与此同时，也有人去做男方的工作。男方就是一二·九运动中表现积极的王士光。这个清华大学电机系的高才生同样出身名门：父亲王治昌曾经担任北洋政府的农商部工商司司长并代理过总长，六弟是中华人民共和国全国人大常委会副委员长的王光英，大妹则是刘少奇的夫人王光美。

为了不碰钉子，后来担任交通部副部长的葛琛先试问了王士光三个问题：婚否、有无对象、有无目标。他爽快地答以“我是‘三无’”，并表示要“打败日本鬼子和国民党再结婚”。

这也难怪，在众人眼中，这位王家四公子心目中恐怕只有无线电。在王光美记忆里，当时名字还叫王光杰的哥哥从小就喜欢研究无线电设备。他还以看电影为借口拿去王光美的零花钱，私下里都去买了无线电器材。据说，王光美还帮他缠过无线电线圈。

担任过最高法院院长的郑天翔回忆，王光杰早在高中读书时，就很擅长物理，所以先是考上了北京大学物理系，第二年又转入清华大学电机系。

或许是考虑到他的这种专业背景，当姚依林为加强河北省敌占区和抗日根据地的联系，决定在天津建立一个电台组织时，就自然而然找到了王光杰。

后来，姚依林回忆说，当时天津和延安之间联络不便，一些重大的文件和指示都无法及时获知。有时候，他不得不通过日本人所办报纸的内部消息，以及收听武汉国民党电台的广播来获取信息。

“后来才知道有个洛川会议，文件自然无法看到，”姚依林说，“我们只是按照中央给的任务，根据地方斗争情况那样干了起来。”

八一电影制片厂文学部编辑郝在今的著作《中国秘密战》，记述了中国共产党自抗日战争以来的情报保卫工作。他介绍说，当时无线电电台在信息传播中发挥着重要作用。

1930 年，江西苏区的红军缴获了一部电台，可惜被战士们砸烂了。得知此事的毛泽东专门嘱咐，在下达作战命令时加上一条，各路红军注意收集无线电台。

这一年的龙岗战斗又缴获了一批电台，不幸又被战士砸坏，只剩下一部机器，虽然能够收报，但是不能发报。红军俘虏了对方十名技术人员，创立了红军的第一

个电台。朱德每日过问电台工作，并给技术人员以优厚的待遇，台长每个月工资五十大洋，差不多是总司令的十倍。

在这种情况下，找一对假夫妻在敌占区设立电台，就有了基础。

“这个人怎么像监狱里出来的”

尽管表示了无条件服从，王兰芬仍然提出，要先见一见这位年长六岁的“丈夫”。“况且他同意不同意我呢？”她反问道。

时间定在了1938年的一天，地点是天津一个名叫颐和园的旅舍。提前来到旅舍的姚依林还给王兰芬倒了杯水，安慰她说一定会完成任务。

多年后，已经是耄耋之年的王兰芬，依然记得对这位假丈夫的第一印象：脸色苍白，头发乱得就像倒伏的麦子，不知道还以为是刚刚从监狱里出来的。

每每听到这段情节，女儿王更就忍不住打趣：“我妈当时还失手把茶水泼了一身呢！”

王光杰看见猛然跳出来个拖着辫子的小姑娘，也忍不住脱口而出：“这么小？”

他可能还不知道，对面的这个女学生，为了显得成熟些，特意换下了白衣蓝裙的学生制服，穿上了一条蓝布旗袍，就连两条小辫子上的白绸花也特意换成了黑丝带。

看到这样的情景，姚依林赶快把话题岔开，建议两人理发。他尤其叮嘱王兰芬“辫子一定要忍痛割爱”，烫个卷发最合适。

他也早已在英租界一个叫伊甸园的小洋楼上为他们租下住房。考虑到王兰芬年龄太小，姚依林又找了一位四十多岁的烈士家属及其孩子，扮成他们的婶母和弟弟。

就这样，一个四口之家诞生了。丈夫名叫吴厚和，在天洋市场一家电料行当技师。妻子名叫黄慧，和婶母在家操持家务。

夫妇俩还以丈夫感染了肺结核，不得不分床睡为理由，在婚房里摆上两张单人床。“以黄河为界。”王光杰幽默地打比方，所谓的“黄河”是一张八仙桌和四把吃饭用的椅子。

电台被伪装成收音机的样子。起初用的是美国生产的收发报机，后来考虑到发射机和电源噪声太大，王光杰特意从家里拿来自己组装的电台和电源。据说，第一次试机，他们就发现机器“打了火”，幸亏王光杰早有准备，迅速修理好了。

接下来的场景几乎和电影《永不消逝的电波》中展现得一模一样：在这幢三层小洋楼的楼顶，每天凌晨一两点钟的时候，王光杰开始工作。三伏天的夜晚，旁人都在屋外挥舞着蒲扇，他却躲在屋子里，把门窗捂得严严实实，用绒布把发报机的电键包裹起来，聚精会神地发报、收报。

1975 年王士光与妻子王新分别八年后重逢时的合影

他的第一个收发报对象，是邓宋支队司令部的电台。这支部队由八路军宋时轮支队和邓华支队合并，组成了八路军第四纵队。对方很快就发来“QSA-5”，表示信号很好，王光杰也用“ROK”回复，表示接收完毕。

年轻的妻子也成了助手。她几乎没有什么娱乐活动。有时候，为了掩护工作，就和楼下的房东太太聊聊天，或者找另外一个租户——一个冀东来的大地主太太说说话。

虽然亲戚家就住在隔着两条马路的地方，她却从来没有去探望过，甚至没有让家人知道自己的行踪。

“我就像演戏一样。”她说。

小姑娘唯一的娱乐就是在阳台上跳绳，这是表示安全的信号。有时候下班回来，望着“妻子”在阳台上蹦蹦跳跳，王光杰会上前帮忙甩绳圈儿，有时候还会和她一起跳绳。

也有的时候，阳台上会立着一根竹竿，当然这也是联络的安全信号。

“我现在向你请求，我们结婚吧”

这些浪漫轻松的故事背后，其实潜伏着巨大的危险。

1938 年被郝在今总结为中国情报、保卫工作的历史分期。这一年，中国政坛的国民党和共产党在情报保卫工作方面，都大力进行组织机构变动、方针路线调整和人事选拔培训。

就在这年 3 月，蒋介石将“国民政府军事委员会调查统计局”扩大为两个部门：一个叫“中国国民党中央执行委员会调查统计局”，简称“中统”；另一个就是简称“军统”的“国民政府军事委员会调查统计局”。

地下工作的对手除了日本宪兵特务和伪政权警察特务外，还有国民党潜伏人员。为此，姚依林叮嘱王光杰不要打扮成穷酸学生的模样，“很容易被注意”。他甚至给王光杰买来了梳子和头油，说“我知道你思想没有通，所以替你买来，在学校里，朴素是个美德，现在做地下机关工作，要时刻警惕”。

同志们的见面暗号也很讲究。有一次，王光杰和姚依林相约在天津大光明电影院的门口。一人拿一张折起一角的《银都小报》，不停地抽烟，直到另一位也手持《银都小报》前来对火。

假扮夫妻更是不能掉以轻心。闲暇的时候，这对“恩爱夫妻”还特意到附近的黄家花园散步，这是一位清末候补道台所建的园林。

不过，即便是这样装模作样地散步谈心，红色夫妻谈论的话题也离不开“一定要完成党交给的任务”之类。看到花园里的松柏，这对革命者还会赞赏这种植物“不怕风吹雨打和严寒霜雪”。

“我本来看不上这个花园，但后来和黄慧在这里齐步走，听到被践踏的干树叶的沙沙声，觉得别有风味。”王光杰回忆说。

虽然大多数时候是“假夫妻”，但也有“真情侣”的时刻。一次，王光杰持续高烧，虚弱地躺在床上。王兰芬就像真正的妻子那样日夜守护。这让王光杰很感动，他甚至回想起第一次见面时，无意中伤害对方自尊心的那句话，不由得道歉说：“论年纪，你比我小，是我的妹妹；按党龄，你比我入党早，应该是我的姐姐。”

如今，在北京钓鱼台国宾馆附近的一个房间里，时间似乎永远停留在了七十二年前。夫妻俩那张黑白合影还摆在桌子上，他们回忆往事的视频正在电视机上播放。王士光由于喉癌接受了“喉全切”手术，已经无法张口说话了。尽管如此，每当旁人问起往事，这位老人的眼睛会不由得亮起来，还有片刻，露出神往的表情。

据说，两人的感情得到升华缘于一次遇险。一天晚上，周围出现“情况”，王氏夫妇只得离开这个家，找一个旅馆躲起来。他们观察了旅馆的房间和地形，研究了脱险的办法和途径，思考着可能出现的各种情况。王光杰想着宁可牺牲自己也要保存电台，掩护王兰芬脱险；王兰芬却思量着王光杰是电台的负责人，应该牺牲自己掩护他脱险。他们悄悄地讲出各自的心事，结果谁也无法说服对方。

终于有一天，王兰芬忍不住了，问他：“老姚和葛琛都问过你，你的‘三无’怎么样了？你为什么吞吞吐吐地不回答，为什么还脸红？你要老实交代！”

王光杰大胆地说：“因为有了你。”

“你的心思我早就看出来了，就是怕羞不肯说。”王兰芬很是爽快。

“我现在向你请求，我们结婚吧！”王光杰借机说。

“我妈经常说我爸是个好人，说是两人在一起从不主动表示。我后来明白了，原来是她主动的呀！”提及此事，王更忍不住笑了。

1938 年 12 月 26 日，经过中共平津塘点线工作委员会的批准，这对假夫妻正式结为真伴侣。

两人见面竟也没有别的话说，只是问了句："我可以抽烟吗？"

直至1939年年底撤销为止，这个原定运行三个月的秘密电台，持续了一年多。通过这座电台，中共河北省委和天津市委及时与上级党组织保持了联系。据姚依林的女儿回忆，在当时著名的"冀东暴动"中，这部电台就发挥了巨大的作用。

根据组织的安排，这对新婚夫妇又来到平西根据地，并更名为王士光和王新，被同事们称作"大王"和"小王"。大王担任晋察热辽军区司令部无线电中队机务主任，小王在各地开展妇女工作。

1940年春天，由于战场形势的变化，他们各自随着部队转移，就此失去了联系。据说，王光美后来曾经托人到东北局去问，得知有五个名叫王新的共产党人。不久，甚至传来了王新牺牲的消息。

在同事们的眼中，那时的王士光变得孤独极了。他的外甥、刘少奇之子刘源形容，他以前是"察明（charming）酷（cool）毕帅呆了"的四公子。但此时，他衣服又脏又破，大小也不合身，吃饭也是饥一顿、饱一顿的。有时候，他嘴巴干裂出一道道血口子，眼窝深陷。

他唯一的寄托似乎就是工作。1946年11月，邯郸新华广播电台收到延安电报，胡宗南进攻延安，党中央决定主动撤离，命令邯郸台迅速做好接替工作。组织把这个任务交给了王士光。

在没有图纸、技术资料和计算工具的情况下，大王把装好的中波电台改成了短波电台。在半地下室的锅炉房里，他还利用铁轨、飞机残骸改制通信材料，并自己烧瓷制作绝缘材料。

1947年春天，当国民政府宣扬"国军的决定性胜利""'共匪'首府已攻克"时，代表共产党声音的延安新华广播电台却在3月29日，也就是国民党军队攻入延安的当晚，不可思议地发出了"XNCR（延安广播电台呼号）"的呼号声。

当时，播音员只是在不停地重复一句话："机器发生故障暂停播音，明日再会。"第二天，王士光又指导邯郸新华广播电台继续播音，先是播放了秧歌曲《兄妹开荒》，接着播放自制的新闻节目。

据后来被俘的国民党测向台台长称，当他们用测向机测到"陕北新华广播电台"身在晋东南地区时，觉得非常意外。在晋东南的侦察机也报称，根本没有发现广播发射台存在的迹象。由于担心如实上报会以"谎报军情"论处，他只好上报称中共电台在延安西北的定边，国民党军队特意派飞机对那里进行了一番轰炸。

为此，晋冀鲁豫中央局、军区司令部和军区政治部联名授予王士光"特等功臣"奖旗和"人民功臣"银质奖章。

另一方面，这位“电信大王”已经步入中年了。据说，当时给他介绍对象的不在少数，一个女同事向他表白，得到的回复却是“不考虑”。

王更说：“在革命年代有个不成文的规矩，夫妻俩如果三年没有任何音信就可以重新再找了。但我爸妈都不，都互相等着。”

多年后，提起这段跨越十年之久的忠贞，王士光已经不能言语。王新颤抖着双手说：“我们既然是在工作中了解的，又是党员，我想虽然没有见面，也应该等待。”

终于，通过报纸上刊登的丈夫的模范事迹，王新从牡丹江来找王士光。1947 年年底的一天，老乡们成群结队地聚在村口，像看新媳妇一样，围看大王那断绝音信多年的妻子。

“还是那张苍白消瘦的脸，头发又长又乱，就像从监狱里刚刚出来一样。”小王回忆说。

两人见面竟也没有别的话说，沉默了片刻，大王才激动地说出句话：“我可以抽烟吗？”小王向来注重仪表形象，也从来不抽烟的，这时也用颤抖的声音回答：“也给我一支烟。”

他们革命感情大于夫妻情分

“我们其实是工作关系。过去是他做秘密电台我做助手，后来他担任领导我就把家里打理好。”王老太太这样总结自己的这段传奇婚姻，“不是你们想象的那种你要对我怎么样，我要对你怎么样。”

“革命”“党组织”“任务”这些关键词，成为他们婚姻的最大特色。第一次分离，王新说他们虽然没有见面，但更重要的是都没有离开过组织。在第二个八年的分别中，最让王士光难以忍受的事情，是“为党为人民工作的权利被强行剥夺”。

“他们革命感情大于夫妻情分。”王更借用母亲的话说。据她回忆，老两口最爱唠叨的就是 1938 年做地下工作的故事了。

但革命年代逐渐远去，这对共同经历风雨的夫妻，最终回归寻常生活。有时，他们照样会吵架。据说，时任电子工业部部长的江泽民就曾经到家中，调解老两口的家庭矛盾。据刘源形容，劝说效果极佳。

1994 年，王新股骨胫骨、骨折住院，瘦得不到七十斤重，王士光经常变换花样为她做饭，并把电视里播放的《西游记》《红楼梦》等电视连续剧全部录制下来，不厌其烦地给她讲解。

离休后不久，王新患上了老年忧郁症，像孩子一样寸步不让王士光离开。有时候，她病情波动特别爱发脾气，甚至很不讲理，连王更都替父亲感到委屈，可是王士光总是默默地包容一切。

由于王新酷爱鲜花，王士光在庭院里种了十多棵月季。起初，王更买来的品种只有淡粉色和艳红色，王士光专门要求加上黄色和白色等多种色彩。隔上几天，他就会挑选最艳丽的花朵剪下来，送到王新面前。这时，对方会像孩子般兴奋地拍起手来。王士光已经老了，手不知道被花刺扎过多少次，但他依然欣慰地笑着。

即便在病重最后一次住院期间，为了替王新填写单位发的一张履历表，身体已经相当虚弱的王士光依然艰难地坐在沙发上，用颤抖无力的手，坚持写了一个多小时。

如今，偌大的房间里只有女儿和保姆陪伴着王新，她已基本上不能说出完整的句子，时常坐在轮椅上发呆。和热播的电视剧相比，她几乎成了个局外人。据说，原型之一的王士光在世时，提到这部电视剧也是直摆手，说和自己毫无关系。

不过，当有人趴在她耳边，大声说出“永不消逝的电波”几个字时，一直面无表情的王新，脸上会透出一丝微笑来。

（本文选自《中国青年报》）

母亲是《地雷战》中“二曼”的原型

文／刘东利

母亲回忆地雷战

于秀芬夫妇二十世纪五十年代合影

《地雷战》这部红色经典是由中国人民解放军八一电影制片厂拍摄的。二十世纪六十年代初，摄制组专程赴地雷战的发生地——山东省海阳县，采访了当年的一些民兵英雄和民兵模范，并进行了实地考察，在真人真事的基础上，经过精心的艺术创作，成功拍摄了这部影片。《地雷战》生动再现了海阳民兵当年运用地雷战英勇抗日的传奇故事，影片一经公映，立刻引起了强烈反响，很快成为一部家喻户晓的经典之作。

而影片中那个叫“二曼”的女民兵，其原型就是我的母亲——于秀芳。当年，摄制组在山东实地拍摄《地雷战》时，母亲正巧回老家海阳探亲。作为当事人之一，母亲也接受了摄制组的采访，讲述了自己亲历的那段传奇故事。影片公映后，母亲曾对我们说，《地雷战》这部影片拍得好极了，虽然某些地方进行了艺术加工，但很多情节都是真实的，很有感染力，很能打动人，仿佛自己又回到了那个硝烟弥漫的年代。母亲告诉我们说，影片中提到的那个八路军十六团是真实存在的，它原是八路军胶东军区的一个直属团，团长的名字叫周光；影片中的那个日军据点——

黄村，就是海阳县的行村镇，距离自己的娘家辛安乡木桥夼村不过四公里，日军经常“扫荡”的赵家庄就是行村镇的赵疃村……

母亲说，影片中塑造的民兵队长赵虎，原型取自海阳县的两个真实人物，分别是民兵英雄赵守福和于化虎；女民兵玉兰则采用了女民兵英雄孙玉敏名字中的玉字。他们都是海阳行村镇附近的村民。影片中那个叫二曼的女民兵，则是直接用了母亲的小名。母亲有三个哥哥，还有一姐一妹。山东俗称女孩为曼儿，母亲的姐姐于芝花小名叫大曼，妹妹于淑兰小名叫小曼，母亲居中，所以小名叫二曼。1971 年秋，五十五岁的父亲刘耀到东北办事途经山东，还特意去了一趟母亲的老家，拜访了已经五十八岁的老民兵英雄于化虎。当时于化虎正组织民兵演习，他热情地接待了父亲，并兴致勃勃地和父亲聊起了当年母亲和他们一起埋雷打日军的一桩桩往事。

海阳南临黄海，海岸线长达二百三十公里，因地处烟台、青岛和威海三市的中心，距离这三座城市各百余公里，战略地位十分重要。1940 年 2 月（农历正月初五），日军的铁蹄踏进了海阳这块原本安宁祥和的土地。此后，日伪到处设置据点，不时到各村“扫荡”，烧杀抢掠，无恶不作，先后在留格庄镇、徐家店镇、郭城镇、盆子山区等地制造了十余起惨案，给成千上万的无辜百姓造成了深重的灾难。

母亲家乡附近的赵疃村、小滩村、文山后村、瑞宇村等位于青（岛）威（海）公路两侧，距日伪设在行村的中心据点较近，所以受害最深。但这里的人民反抗也最坚决，涌现出了许多英雄模范人物，其中最具代表性的有全国民兵战斗英雄赵守福、于化虎、孙玉敏等。

在抗战初期，民兵们手里一般只有长矛、大刀、土枪炮等落后而简单的武器，与日军先进的武器和精良的装备相比，实在是天壤之别。主力部队发给民兵们的枪支弹药和铁制地雷，数量又非常有限，满足不了群众日益高涨的抗战需求。为了弥补武器弹药的严重匮乏，最大限度地消灭敌人，在上级领导的启发和支持下，广大群众开动脑筋想了很多办法。

海阳县行村镇周边的乡镇村庄大都属于盆子山区，山沟里到处都是石头，若能自力更生，就地取材，自己制造石雷，那就方便多了。于是，大家先把山里的石头拉回来，按地雷的大小和形状凿开，然后在凿开的石头中间钻孔，放进自制的炸药，就造出了石雷。炸药是采用老辈人传授的土方调配的，先把硝石、硫黄和木炭按 75：10：15 的比例混合起来，再用石碾子将它们研成粉末，就制成了黑褐色的炸药。有了上级发给的铁雷，再配合自己造的石雷，就解决了民兵作战武器短缺的大问题。由此，地雷战就在海阳境内轰轰烈烈地开展起来。

自打日军侵入自己的家乡后，母亲就再也无心务农、做家务了。那时三个舅舅

两个在外给地主扛活，一个参加了八路军，姥姥又常年抱病，大姨于芝花嫁到外村，小姨于淑兰尚且年幼，所以家里家外的活计大都落在母亲身上。但在干完自家活计后，母亲还是经常偷着往外跑，参加村里的抗日活动和支前工作，跟其他民兵一起学打枪、学埋雷……

母亲说，山东过去的封建思想比较浓，不许女孩子抛头露面，更别说像男孩子那样舞枪弄棒、摆弄地雷了。因此，母亲她们的抗日活动就引起了一些人的风言风语，说什么："大姑娘家不老老实实地在家里待着，整天到处疯跑，像什么样子！"有的人甚至还跑到姥爷于成瑞那儿去告状。姥爷听了很生气，坚决不让母亲再外出了。可母亲心里自有主张，还是经常偷着跑出去参加村里的各种抗日活动。有一次，上级奖给母亲两个地雷，她把这两个铁"西瓜"网起来，自豪地挂在脖子上，一口气跑到家。可是左掂量右思忖，不知到底应该放在哪儿，最后只好把它们偷偷地藏在茅房的角落里。可后来，铁"西瓜"还是被姥爷发现了。姥爷又气又恼，对母亲大加训斥。可母亲不改初衷，照样跑出去和其他民兵一起埋地雷，弄得姥爷无可奈何，只好由着母亲去"折腾"。

母亲从小就有很强的反封建意识。中华人民共和国成立前山东有强迫未出嫁的女子裹小脚的旧俗，从小就订娃娃亲，母亲坚决不屈从！她白天假装用布把脚裹上，晚上再悄悄地把缠在脚上的布拆掉。后来，大姨成了三寸金莲的小脚，而母亲却成了"解放型"的大脚，终日奔走在抗日救国和祖国解放的前线。

为了防备日伪军的频繁"扫荡"，海阳县里相邻的几个甚至十几个村的民兵彼此配合，组成了民兵联防队，其中"五虎联防""凤凰联防""台山联防""八王联防""寨山联防"等五大联防最为著名。他们在赵疃村附近的东松山上架设了信号树，只要据点里的敌军一出动，站岗放哨的民兵就移动信号树，以此指明敌人的动向。大家知道敌人出动了，就赶紧组织乡亲们疏散，转移到山里去。爆炸组的民兵们负责在敌人必经的路上埋设地雷，游击组的民兵们负责监视敌人的行踪，做好一切战斗准备，有效地保护了自己、打击了敌人。

有一次，母亲和几个民兵正在路边埋雷，一队日伪军悄无声息地向她们逼近。她们发觉后拼命往山里跑，借助山石和树丛的掩护与敌人周旋，最后摆脱了敌人的追赶。母亲说，当时自己的想法非常简单，即使被日军抓住了，或为革命牺牲了，那也是光荣的，所以一点都不害怕，甚至还有几分自豪。母亲说，日军对让他们吃尽了苦头的埋雷民兵恨之入骨。有一次，他们抓住了一个埋雷的民兵，想尽办法折磨、摧残他，先用鼓风机往他的肚子里吹气，尔后再用刺刀把他捅死，其行径令人发指。敌人的滔天罪行激起了抗日军民更强烈的反抗，他们不断研制新的地雷品种和新的埋雷方法，在更大的范围内，痛击更多的来犯之敌。

追寻母亲的足迹

母亲1925年出生在山东海阳辛安乡木桥夼村一个贫苦农家，上有三个哥哥和一个姐姐，下有一个妹妹，全家八口人的生计全靠姥爷租种地主的薄田艰难维持。母亲说，她小的时候常年吃的都是地瓜和稀得能照见人影的米汤，而收成不好的年景，连这样的东西也吃不到，只能吃地瓜藤或野菜充饥。她们姐妹仨连一件像样的衣服都没有，有时甚至要几个人合穿一条裤子，谁出门谁穿，留在家里的只能挤在小火炕上做针线活。大舅、二舅常年外出给地主扛活，三十多岁还娶不上媳妇；三舅于安年被抓到煤窑当苦力，1939年逃出魔窟参加了八路军。三舅的勇敢行为对母亲影响很大，她暗暗下定决心，也要参加八路军打日军。

母亲小时候患过一场严重的伤寒，由于家里没钱医治，她被病魔折磨得面目全非，头发都掉光了，眼球也突出来了，骨瘦如柴，奄奄一息。万般无奈之下，家人只好采用民间土方给她治疗，母亲居然奇迹般地闯过鬼门关，顽强地活了下来。那时姥姥患有慢性肠炎，经常拉肚子，身体异常虚弱，但也只能在田间、路旁采点野生马齿苋熬水喝，或者吃几瓣大蒜对付。姥爷经常叹气说：“这样的苦日子太难熬了，还不如全家人吃点毒药死了省心呢！”有一次，姥爷真的跑到镇上买回一包老鼠药，想放在饭菜里把全家都毒死，幸亏被人及时发现，才避免了一场灭门之灾。

母亲参加革命时尚不满十六岁，曾在村妇救会担任过自卫队长，积极组织全村妇女参加抗日斗争和支前工作；后来又参加了行村镇的民兵组织，并担任小组长，和男民兵们一起打游击、埋地雷。在反“扫荡”斗争中，母亲多次参加战斗，先后打死抢粮、烧杀的日军三人，炸伤十人，于1945年8月荣获胶东军区司令员许世友和政委林浩授予的“胶东一等民兵模范”奖章。

二十世纪六十年代于秀芬在单位学习的照片

这枚奖章的正面为蓝白两色，象征天空和大海，其左侧有“胶东一等民兵模范”几个字，右侧是一个全副武装的红色民兵形象；奖章背面是“胶东军区”和一个“奖”字，编号为三十九。别看这枚圆圆的小奖章材质普通，外观也很普通，可这份荣誉凝聚着母亲抗日救国的一腔热血，体现着

作者三岁时与父亲及外祖父（右二）的合影

母亲对党和人民的无限忠诚。在当年所有荣获“胶东一等民兵模范”的海阳民兵中，母亲是唯一的女性。

由于表现突出，1945年1月，不满二十岁的母亲光荣地加入了中国共产党；同年10月，母亲被胶东军区抽调到东北民主联军辽宁四分区吉林省辉南县联合会工作，从一个被日军称为“土八路”的女民兵，正式成为中国人民解放军的一员。也就是在这时，母亲经人介绍，结识了一位身经百战的老红军、湖南茶陵人刘耀，共同的理想和追求，使他们最终结成了革命伴侣。

母亲经常对我们说：“人不管到什么时候，都要懂得感恩、想着报恩，千万不能忘本！”“比比那些为革命牺牲的烈士们，我做的那点事情算得了什么？他们连生命都献给了祖国和人民，而我还能活着看到新社会、享受新生活，应该感到很满足了！”“想想旧社会我家吃的那些苦、受的那些罪，真多亏有了共产党的领导，我们才能翻身当家做主，过上现在的好日子，真的应该感到幸福！”正因如此，在母亲的一生中，不管自己遇到什么样的困难和麻烦，她都不会向组织和领导提条件、要待遇，请求特殊照顾，而是顾全大局，克服困难，从不计较个人得失。

1954年大裁军，大批女兵要从部队复员到地方。母亲当时已是正连级干部，多次立功受奖，又是单位骨干，完全有理由申请留队。可她想得最多的是，作为共产党员，应该时刻以党的利益为重，什么时候都要起模范带头作用。于是毅然服从组织决定，脱下了心爱的军装。

母亲崇高的品格

母亲为人一贯低调、内敛，从不炫耀。父亲刘耀是走过二万五千里长征的老红军，也是一位久经沙场的老革命，但母亲从不以首长夫人自居，除了亲戚们略知她的一些情况外，其他人对她过去的革命经历都不甚了解。虽然她参加过著名的地雷战，获得过骄人的荣誉，但她从不向别人炫耀，只是在教育子女时，才会提及当年那段不平凡的经历，并且亲自给我们演示各种埋雷方法。当时我们尚且年少，只是觉得母亲讲的故事挺有趣，从没把母亲当成英雄模范。后来我们渐渐长大了，多次观看电影《地雷战》，才真正对地雷战有了感性认识，对母亲的光荣历史有了深入的了解。

由于家贫，母亲小时候上不起学，看到有钱人家的子女每天背着书包进学校，她心里十分羡慕。为了实现自己的愿望，母亲就躲在教室外面偷听老师讲课，默记老师教授的课文，最后竟也能熟练地背诵《三字经》《女儿经》，熟知《千字文》《弟子规》《名贤集》和《朱柏庐治家格言》中的诸多名句，并能生动地讲述《二十四孝图说》中的感人故事……

事实上，母亲学习文化是在入伍之后，进了部队的扫盲班才真正开始的。凭着顽强的意志和强烈的求知欲，母亲很快就摘掉了文盲的帽子，不仅能读书、看报、写信，还在部队担任过干事、出纳、书记等职务。母亲深知没文化的难处，因此想方设法地供子女上学。1964 年 9 月，老大和老二分别以优异成绩考上了南京市外国语学校，进入高中英语班和初中法语班学习。母亲激动地说："过去我连自己的名字都不会写，现在孩子们居然可以学外文了！"那时，每当我们在学校被评为优秀学生干部、五好学生，母亲的脸上都会洋溢出灿烂的笑容，并总是把我们的奖状贴在家里最醒目的地方——进门一眼就能看到的墙中央。每当我们获得优秀党员、团员的荣誉称号时，母亲都会捧着喜报和奖章告诫我们："雁过留声，人过留名，一个人无论到何时何地，都要行得端、做得正，要给自己留下一个好名声。"

母亲是属牛的，她的品格和为人也像老黄牛那样，忠心耿耿，朴实无华。她的一生，总是把方便让给别人，把困难留给自己；为别人想得多，为自己想得少。在我们儿女的眼里，母亲既是一个平凡的人，也是一个高尚的人。她细微之处的一言一行，是那么慈善、那么亲切，总是给人以阳光般的温暖和感动；她为人处世的一点一滴，都闪烁着人性的光辉，蕴含着崇高的品格。

母亲一生勤劳俭朴，从不乱花一分钱，浪费一点东西。她总是精打细算地操持全家人的日常生活。大人的衣服旧了，就改小了给孩子穿；床单破了，就用糨糊打成袼褙做鞋垫；毛衣穿坏了，就填上新毛线重新织好……母亲每天早晨第一个起床，做饭洗衣、打理家务，晚上则最后一个上床睡觉，真是"两眼一睁，忙到熄灯"，从早到晚几乎没有闲的时候，非常辛苦。

母亲非常节俭，对别人却是有求必应，不管谁遇到了困难，只要求助于她，她总是毫不犹豫地伸出援手，特别是对山东老家的亲友，更是毫不含糊。二十世纪六七十年代物资严重匮乏，买什么都凭票证，可母亲宁愿自己家省吃俭用，也要慷慨解囊，拿出节省下来的钱物去帮助那些有困难的人……当我们不理解母亲为何要

如此善良、如此实在、如此仗义时，母亲总是意味深长地对我们说："我自己过去经历了那么多的苦难，最能体会到人在困难和危急时，那种渴望帮助的滋味。"正是母亲特殊的成长经历，塑造了她豪爽、善良、朴实、忠厚的性格，所以母亲一生爱憎分明，具有强烈的同情心，特别能设身处地为他人着想。

我们小的时候，母亲因孩子多、负担重，无法外出工作，只能在家操持家务，但她却一心想着报答党的恩情。那时我们居住的大院里成立了居委会，这份工作不拿一分钱报酬，完全是义务付出，既琐碎又辛苦，没人愿意去干。当组织上找到母亲时，她毫不迟疑地接受了这份差事，兼任起了居委会主任和党支部书记。在工作中不管遇到什么困难和麻烦，她总是积极带头去干，像一头老黄牛，无怨无悔地奉献着自己的一切。

母亲的一生历经抗日战争、解放战争、社会主义建设、改革开放等重大历史时期，她的一生是战斗的一生、革命的一生、奉献的一生。在平凡的岗位上，她一直在默默无闻、无私无畏地奉献着自己的光和热。如今，母亲已长眠在南京市雨花台功德园中的红星园。墓园的四周苍松翠柏环绕，气氛庄严肃穆静谧。那里安葬的都是曾经为中国革命作出过贡献的革命老前辈。黑色的大理石墓碑上，镶嵌着他们佩戴军功章的老照片，镌刻着他们浩气长存的英名；墓台的中央赫然有一颗硕大的红五星；墓碑的后面铭刻着他们的革命事迹，默默地向前来吊唁的人们诉说着那些可歌可泣的革命往事……

（本文选自新华网，有删节）